# HEILIGE IN KÖLN
## EIN BISSCHEN SCHRÄG, EIN STÜCKCHEN ANDERS

Manfred Becker-Huberti
Konrad Beikircher

# Heilige in Köln

### Ein bisschen schräg, ein Stückchen anders

Titelabbildung: Die heilige Ursula

**Bildnachweis**
Tim „Avatar" Bartel (cc-by-sa-3.0): Seite 126
Archiv Bachem Verlag: Seite 8, 20, 26, 38, 44, 48, 60, 69, 78, 100, 136
Robert Boecker: Titelbild, Seite 14, 32, 54, 64, 84, 90, 106, 116
Kelly Klein: CROSS. Zürich: Edition Olms 2000, Abb. 78: Seite 78
Celia Körber-Leupold: Seite 112
Köln, Erzbischöfliche Diözesan- und Dombibliothek,
Cod. 1001b, fol. 224r: Seite 94

Bibliografische Information Der Deutschen Bibliothek
Die Deutsche Bibliothek verzeichnet diese Publikation in der Deutschen
Nationalbibliografie; detaillierte bibliografische Daten sind im Internet
über http://dnb.d-nb.de abrufbar.

2. Auflage 2013
© J.P. Bachem Verlag, Köln 2013
Lektorat: Kerstin Goldbach, Bergisch Gladbach
Coverillustration nach einer Bildvorlage von Robert Boecker,
Einbandgestaltung und Layout: Heike Unger, Berlin
Reproduktionen: Reprowerkstatt Wargalla GmbH, Köln
Druck: Grafisches Centrum Cuno, Calbe
Printed in Germany
ISBN 978- 3-7616-2549-1

Aktuelle Programminformationen
sowie Download-Links zu unseren
Apps finden Sie unter
www.bachem.de/verlag

 Auch als E-Book erhältlich

Im Apple iBookstore und überall,
wo es elektronische Bücher gibt.
Weitere Informationen auch unter
www.bachem.de/ebooks

# INHALT

| | |
|---|---|
| 6 | Vorwort |
| 8 | HEILIGE DREI KÖNIGE – Wie aus persischen Astronomen Magier und drei heilige Könige wurden |
| 14 | ANTONIUS DER GROSSE – Der Ferkestünn |
| 20 | Der stumme Ochse – THOMAS VON AQUIN – Ein heiliger Buchschänder |
| 26 | VON VALENTIN UND VALENTINE – Im Zeichen der Liebe |
| 32 | PER PEDES APOSTOLORUM – Zum Mattes nach Trier |
| 38 | GERTRUD – Dat Mäusetrudchen |
| 44 | LIUDGER – Ein friesischer Gänsepatron |
| 48 | HEILIGER ISIDOR – Patron in spe für den Cyberspace |
| 54 | GEORG – Ne Drachenkiller |
| 59 | DER HEILIGE FLORIAN – Was so ein Eimer alles vermag |
| 63 | DER APPEL-JUPP – Ein Kölner Mystiker, verlobt mit der Muttergottes |
| 69 | NORBERT VON XANTEN – Ahnherr der Alternativen |
| 74 | HEILIGE SIEBENSCHLÄFER – Patrone der Immermüden |
| 78 | DIE HEILIGE KÜMMERNIS – oder: Von einer verflossenen Heiligen |
| 84 | DER WEG ZUM WAHREN JAKOB führt über Köln |
| 90 | DER HEILIGE FAMIAN – Ein ganz geheimer Kölner Emigrant |
| 94 | HEILIGER LAURENTIUS – Vorbild der Hobby-Griller |
| 100 | DIE WILDE HILDE – Frauenpower im Mittelalter |
| 106 | HEILIGER ERZENGEL MICHAEL – Vorbild des „deutschen Michel" |
| 111 | BRUNO VON KÖLN – Von den Radikalen einer der ganz Harten |
| 116 | ET KÖLSCHE ULLA – ODER: DIE HEILIGE URSULA und wie man aus alten Knochen noch Geld schlagen kann |
| 122 | HEILIGER CARL BORROMÄUS – Einer, der Kölner Knöchelchen haben wollte |
| 126 | HEILIGER ALBERT DER GROSSE – Staunen erregendes Wunder seiner Zeit |
| 131 | HEILIGER ANNO – Putschist, Herr des A...lochs und Heiliger |
| 136 | HEILIGER NIKOLAUS – Pädagogischer Zeigefinger oder säkularisierter Koofmich? |
| 141 | Zeittafel der Feiertage |
| 142 | Die Autoren |

# VORWORT

Mit den reichen Schätzen an Heiligtümern der Kirchen in Halle, Wittenberg oder Hall in Tirol kann keine einzige Kirche Kölns konkurrieren. Aber zusammengenommen übertreffen die Kölner Reliquienschätze zumindest an Qualität die größten Wallfahrtsorte. Die Stadt Köln galt genau deshalb als „das heilige Köln". „Sanctae Agrippinensis urbis episcopus" wurde Hildebold im Jahr 804 genannt – Bischof der heiligen Stadt Agrippina. Thomas Cantipretanus († 1260) stellte das heilige Köln in eine Reihe mit Jerusalem, Rom und Trier.

Aus dem 15. Jahrhundert stammt eine Sequenz aus einem Kölner Messbuch, die sich an die Patrone der Stadt Köln wendet. Sie beginnt mit den Worten: „Gaude, felix Agrippina sanctaque Colonia"– Freue dich, glückliches Agrippina und heiliges Köln.

Diese Freude an den Kölner Heiligen ist Gegenstand dieses Büchleins, die Freude an den Heiligen, deren Leiber – oder Teile davon – in der Stadt Köln ruhen (Heilige Drei Könige, Ursula ...), die Freude an den Kölnern, die anderswo als in Köln heilig geworden sind (Bruno, Famian ...), und jener Heiligen, die einmal in Köln gewirkt haben – sei es dadurch, dass sie zeitweise körperlich in Köln waren oder aber durch ihre Verehrung prägnant im Rheinland wurden (Thomas von Aquin, Hildegard von Bingen, Antonius der Eremit ...). Dabei wird kein Unterschied gemacht zwischen den Heiligen, die den Menschen auch heute noch heilig sind und jenen, die längst in Vergessenheit gerieten, wie z.B. die heilige Kümmernis.

Ausgewählt wurden aus der großen Zahl der infrage Kommenden jene Heiligen, die nicht fromm verstaubt auf unerreichbaren Sockeln den Himmel anstieren, sondern die, die selbst mit Pfiff und Witz auf Erden gelebt haben oder aber die, aus denen ihre Legenden Typen gemacht haben, die uns fragen lassen, wie konnte das denn passieren? Wie kommt die Sau zum Antonius? Warum verschenkt der kleine Hermann ausgerechnet einen Apfel an die Gottesmutter Maria? Warum ist das „Annoloch" für den damit zitierten Bischof moralisch unbedenklich und nicht beleidigend?

Möge die Freude an diesen Heiligen – mit allem gebührenden Respekt wird der Kölner sie als „schräge Heilige" etikettieren – und ihren Geschichten die Menschen auch heute so erfüllen, wie es sich der Verfasser der zitierten Sequenz aus dem 15. Jahrhundert gewünscht hat: Die Kölner, ach was, alle Rheinländer und jene, die sich ihnen artverwandt fühlen, mögen glücklich werden und bleiben. Denn: Ob zu ein paar Knöchelchen Geschichten erfunden wurden oder ob zu erfundenen Geschichten ein paar Knöchelchen kamen – der rheinische Mensch nimmt das nicht so genau. Die Hauptsache ist, die Geschichten sind schön und man kann die „Heilijen" wenigstens an einem Tag im Jahr feiern!

*Manfred Becker-Huberti*

Die Weisen aus dem Morgenland,
Mosaik, 6. Jahrhundert, Sant'Apollinare Nuovo, Ravenna

# HEILIGE DREI KÖNIGE

WIE AUS PERSISCHEN ASTRONOMEN MAGIER UND DREI HEILIGE KÖNIGE WURDEN

*I*m Rahmen der Erzählung von der Geburt Jesu berichtet exklusiv der Evangelist Matthäus (2, 1–16) von Magiern, die aus dem Osten gekommen waren. Das bei Matthäus verwendete griechische Wort „mágoi" bezeichnete zu seiner Zeit im engeren Sinn Angehörige der medisch-persischen Priesterkaste, im weiteren Sinne Astrologen, Traum-, Orakeldeuter, Seher. Durch einen Stern, den später sogenannten „Stern von Bethlehem", waren sie auf die Geburt eines neuen Königs in Israel aufmerksam geworden und nach Jerusalem gezogen. In Bethlehem fanden sie schließlich den neugeborenen König der Juden und brachten ihm ihre Geschenke dar: Gold, Weihrauch und Myrrhe. Mit der Hilfe eines Engels fanden sie wieder ihren Weg nach Hause. Die drei Gestalten und ihr Leben wurden durch die außerbiblische Literatur ausschweifend ausgemalt. Die Historizität der Magiererzählung wird heute von der Mehrzahl der Exegeten nicht mehr aufrechterhalten.

Weil Matthäus keine Anzahl der Magier benannt hatte, war ihre Zahl umstritten. Im 3. Jahrhundert wurde sie auf drei festgelegt – weil ja schließlich jeder von ihnen ein Geschenk mitgebracht hatte und dessen waren ja schließlich drei angeliefert worden. Im 5. Jahrhundert werden sie zu Königen, weil man auf sie eine Textpassage des Alten Testaments übertrug: „Könige von Tarschisch, Saba und Scheba bringen Geschenke" (Jes 60, 3 und Ps 72, 10).

Im 6. Jahrhundert stehen Namen für die Magier fest: Der Älteste heißt Kaspar, der Mittlere Balthasar, der Jüngste Melchior. Kaspar galt anfangs als Mohr, wurde dann aber durch Melchior abgelöst, der zudem noch der Vornehmste war. Die Drei repräsentieren die drei Lebensalter und die drei damals bekannten Kontinente: Asien, Europa und Afrika. Dazu passten die drei Reittiere: Kamel, Pferd und Elefant.

DIE DREI REPRÄSENTIEREN DIE DREI LEBENSALTER UND DIE DREI DAMALS BEKANNTEN KONTINENTE: ASIEN, EUROPA UND AFRIKA.

Und was haben diese Magier mit Köln zu tun?

Als Kaiser Friedrich I. Barbarossa 1158 zu seinem Italienfeldzug aufbrach, begleitete ihn sein Reichskanzler Rainald von Dassel und der wurde unterwegs in Abwesenheit 1159 zum Erzbischof von Köln gewählt. Nach der Eroberung von Mailand im Jahr 1164 brachte er von dort die Gebeine der Heiligen Drei Könige mit. In Köln kam er mit den heiligen Knochen am

23. Juli 1164 an, was die Kölner alsbald mit einem Freudentor, dem „Dreikönigspötzchen", an der Stelle dokumentierten, wo die Drei erstmals Kölner Boden berührten. Und natürlich wurde der Tag auch zum Festtag, dem Translationstag, der heute nur deshalb in Vergessenheit geraten ist, weil er meist in die Ferienzeit fällt.

Und dann haben die Kölner mächtig aufgedreht. Im Besitz der einzigen Gebeine, deren frühere Eigentümer den Heiland in seiner Krippe gesehen haben, musste man doch etwas aus der Sache machen. Schon der Empfang der Magier war eine feierliche Prozession gewesen, die von nun an am Gedächtnistag der Drei, zu dem der 6. Januar erkoren wurde, wiederholt wurde.

> UND DANN HABEN DIE KÖLNER MÄCHTIG AUFGEDREHT. IM BESITZ DER EINZIGEN GEBEINE, DEREN FRÜHERE EIGENTÜMER DEN HEILAND IN SEINER KRIPPE GESEHEN HABEN, MUSSTE MAN DOCH ETWAS AUS DER SACHE MACHEN.

Ein Heiligenschrein von noch nie gekanntem Ausmaß wurde in Auftrag gegeben. Der damalige Künstlerstar, der Meister von Verdun, wurde dazu beauftragt. Das Werk brauchte von 1181 bis 1239. Und als man das Ergebnis sah, fand man den alten romanischen Dom als gestrig und beschloss einen gotischen Neubau nach Kölner Art – gigantisch, unnachahmlich und unbezahlbar. Aber, man wäre ja nicht Köln, wenn man nicht trotzdem zu bauen begonnen hätte.

Einen Mangel hatten die neuen Stars am Kölner Heiligenhimmel noch: Über ihren Ursprung und ihre Geschichte gab es nichts, was über ihren Fundort in Mailand, die Kirche St. Eustorgio hinausführte. Dass es sich bei ihnen um die Heiligen Drei Könige handelte, war nur der Aufschrift des dortigen Heiligenschreins entnommen. Zweihundert Jahre nach ihrer Kölner Premiere verschaffte den Dreien ein Kölner Chorbischof die bislang entbehrte Reputation: Florenz von Wevelinghoven, 1364 gerade Bischof von Münster geworden, veröffentlichte die Legende der drei Heiligen, die er bei Johannes von Hildesheim in Auftrag gegeben hatte. Die Historia Trium Regum bietet eine blumenreiche Vorgeschichte für die Zeit vor der Auffindung der Gebeine in Mailand und baut gleich in die Geschichte ein, wie die Gebeine in der Gegenwart verehrt wurden. Der achtzackige „Stern von Bethlehem" war danach das immerwährende Gütezeichen dieses Triumvirates – und er wird heute noch von den Sternsingern mitgeführt. Gegenüber der ausgesprochen ausschweifenden Phantasie des Johannes von Hildesheim ist die Erzählung des Dominikaners Jacobus de Voragine innerhalb seiner Legenda aurea geradezu trocken.

Wer sich so viel Arbeit mit ein paar alten Knochen macht, will schließlich auch ein wenig Ertrag einfahren. Das ist den Kölnern dann auch gelungen. Kaspar, Melchior und Balthasar wurden die Patrone der deutschen Könige, die von nun an nach ihrer Salbung in Aachen nach Köln zogen, um ihre Vorgänger zu verehren.

> Wer sich so viel Arbeit mit ein paar alten Knochen macht, will schliesslich auch ein wenig Ertrag einfahren.

Und was für Könige gut ist, das liebt auch der kleine Mann, den nun Pilgerreisen nach Köln führten. Ausweislich der historischen Kölner Pilgerzeichen, die an den verschiedensten Orten gefunden wurden, kamen Menschen von Südosteuropa bis Schottland und von Skandinavien bis Südeuropa nach Köln. Insbesondere die Nachfahren der Deutschen, die als Bollwerk gegen die Türken in Südosteuropa angesiedelt worden waren, zogen vom 14. bis zum 19. Jahrhundert immer wieder nach Köln.

Und die Kölner? Zum einen haben sie im 12. Jahrhundert schon den Dreien im Sarkophag die Schädel abgetrennt. Gekrönt stehen sie auf einem Häupterbrett, auf das man an bestimmten Feiertagen schauen kann. Zum anderen kamen sie in Form von drei Kronen ins Kölner Wappen – natürlich im oberen Bereich.

Die Frage der Echtheit der Kölner Reliquien, von denen man ein paar kleinere Stücke den beraubten Mailändern wieder hat zukommen lassen, hat sich auch schon im 19. Jahrhundert gestellt. Der außerordentlich kostbare Seidendamast aus dem 2. Jahrhundert, in den die Gebeine gewickelt waren, reicht kaum als Beweis für die Echtheit der Gebeine. Und die vorgefundenen Gebeine haben 1864 bei einer Öffnung des Schreins niemanden veranlasst, einer wissenschaftlichen Untersuchung gelassen entgegenzusehen. Was im Schrein an Gebein zu sehen war, lässt sich nicht ohne Weiteres auf die bekannten Gestalten übertragen. Mit stoischem Gleichmut gilt deshalb: Was im Schrein liegt, ist unwesentlich. Was mit Hilfe des Schreins verehrt wird, ist maßgeblich – auch wenn es nicht sicher ist, dass es diese Magier wirklich gegeben hat.

Und – was lernen wir daraus? Man muss auch aus ein paar alten geklauten Knochen, von denen keiner weiß, von wem sie eigentlich sind, was Gutes machen können. Und für Köln waren diese Gebeine nicht nur in der Vergangenheit gut, sie sind es bis in die Gegenwart!

Heiliger Antonius der Grosse mit seinen Attributen: einem Schwein, einer Glocke und einem Stab

# ANTONIUS DER GROSSE

## DER FERKESTÜNN

*J*n den Kirchen steht er auf den Säulen als alter, abgemagerter, verhärmter Mann, eher unschicklich gekleidet. An seine Beine kuschelt sich ein Schwein, nicht gerade die Sorte von Tier, die man in einer Kirche erwartet. Haltung bewahrt der Senior mit Hilfe eines Stocks, der am oberen Ende wie ein T aussieht; an ihm hängt oft ein Glöckchen.

Ein Überflieger war er in seiner Zeit sicher nicht. Aber ob er ein ungebildeter Schulversager war, wie uns die Vita Antonii des Athanasius (um 300–373) weismachen will, steht dahin, denn immerhin hat es bei Antonius dazu gereicht, unter anderem das Urmodell aller christlichen Ordensregeln, die Regula Antonii, zu verfassen.

Was hat man diesem alten Mann, der mehr als einhundert Jahre gelebt haben soll, nämlich von etwa 251 bis 356, alles unterstellt: er sei vor den Frauen und der Versuchung in die Wüste geflohen; er sei vor den Steuerbeamten des Kaisers davongelaufen zu einem Ort, den auch die besten Steuerfahnder seiner Zeit nicht aufzusuchen wagten; er habe die Nase voll gehabt vom Wohlstand und der Normalität und deshalb die Askese gewählt; er sei ein keineswegs einsamer Einsiedler in der Wüste gewesen. Wunder habe er gewirkt, und das nicht zu knapp, so dass er nicht nur von aberhundert Mit-Eremiten umgeben war, sondern auch von zahllosen Pilgern, die den mühsamen Weg zu ihm auf sich genommen hatten.

Unter Kaiser Diokletians Christenverfolgung 303–311 ging Antonius in die Wüste. „Fliehe den Bischof und die Frau" war seine Losung, denn statt sich von der staatlichen Justiz als Hochverräter hinmeucheln zu lassen, vertraten Antonius und seine Gesinnungsgenossen die Idee von einem lebenslänglichen unblutigen Martyrium. Und das war keineswegs leidlos, wie von Antonius überliefert wird: „Wer in der Wüste sitzt und der Herzensruhe pflegt, ist drei Kämpfen entrissen: dem Hören, dem Sehen, dem Reden. Er hat nur noch einen Kampf zu führen: den gegen die Unreinheit!" Und diese Dämonen der Unreinheit hatten es in sich. Sie quälten den angehenden Heiligen lebenslang. Und weil diese fiesen Wesen das derartig fies taten, haben die Künstler die verführerischen Dämchen nicht verführerisch abgebildet, sondern als das, was sie moralisch waren, als Dämon und als Schwein. So bekommt der Mönchsvater das Schwein als ikonographisches Merkmal. Das theologische Programm dieser gewöhnungsbedürftigen Präsentation: Töte dich täglich selbst ab! Was für Antonius gut war, kann auch für uns so schlecht nicht sein.

Eigentlich hätte das alles schon gereicht, um im katholischen Heiligenhimmel eine unverwechselbare Existenz darstellen zu können. Aber diesem Heiligen war eine weitere Karriere bestimmt, zu der er nichts, aber auch gar nichts selbst hinzugetan hatte. Ende des 11. Jahrhunderts trat eine Seuche auf, „ignis sacer" oder „Antoniusfeuer" genannt, eine Vergiftung durch die Alkaloide des Mutterkorns. Die Gefahr, die von Mutterkorn ausging, genauer von dem Ergotamin und Ergometrin, war den Menschen des Mittelalters nicht bekannt. Der Schweizer Chemiker Albert Hofmann hat 1943 daraus das berühmt-berüchtigte Halluzinogen LSD entwickelt, was für die 68er-Generation zur Modedroge wurde. Die mittelalterlichen Menschen erlitten aber durch verunreinigte Getreideprodukte Empfindungsstörungen, Lähmungserscheinungen, später Absterben von Gliedmaßen und Allgemeinsymptome wie Erbrechen, Verwirrtheit, Wahnvorstellungen, Kopfschmerzen, Ohrensausen und Durchfall. Die akute Vergiftung kann Atem- und Herzstillstand herbeiführen, die dann den Tod zur Folge hatten.

> WER IN DER WÜSTE SITZT UND DER HERZENSRUHE PFLEGT, IST DREI KÄMPFEN ENTRISSEN: DEM HÖREN, DEM SEHEN, DEM REDEN ...

Und hier fanden die Antoniter (auch: Antoniusorden, Antonier, Antonianer) ihre Profession. Die 1095 in Frankreich gegründete Laienbrüderorganisation spezialisierte sich auf die Pflege und Behandlung der Antoniusfeuer-Erkrankten in ganz Europa. Der Begriff „Antoniusfeuer" ist schon im 12. Jahrhundert nachweisbar. Mitte des 13. Jahrhunderts nahmen die Brüder die Antoniusregel an, ab 1298 waren sie ein päpstlich anerkannter Chorherrenorden (Canonici Regulares Sancti Antonii, Ordenskürzel: CRSAnt), der im 15. Jahrhundert in ganz Europa fast vierhundert Spitäler unterhielt. Und wie therapierten die Antoniter? Mittelalterlich eben, das Antoniterkreuz, das T-Kreuz, auf ihrer Kutte galt als Geheimwaffe, absolut wirksam gegen Antoniusfeuer, Pest und andere Epidemien. Auch Wasser, in das man Reliquien des Heiligen getaucht hatte, wurde eingesetzt. Nur die Schlesier hatten eine besonders spannende Heilmethode gefunden: Eine männliche Person musste einer weiblichen (und umgekehrt) mit einem Feuerstahl dreimal Funken auf den leidenden Teil schlagen.

Wie volkstümlich der alte Eremit durch diese Aktionen wurde, belegt die Anpassung seines Namens: Nannte man ihn in Italien Antonio del porco – nur die Esten haben den Tônn gleich zum Schweinegott gemacht –, nannten ihn die Rheinländer Ferkes Tünn. Und andere machten es nach: Die Westfalen nannten ihn Swiene-Tünnes, die Sauerländer Fickeltüenes, die Tiroler Fackentoni, die Schweizer Säu-Antoni, die Badener Su-Antoni. Im Allgäu hatte man es mit kleineren Tieren. Hier wurde er gegen Wanzen angerufen und hieß deshalb Wanzentone. In Herdringen im Kreis Arnsberg war man am Gedenktag des Heiligen gegenüber den Schweinen zurückhaltend. Man aß Huhn. Der Heilige hieß Soap-Tünnes (= Sauf-Tünnes) wegen des Frühschoppens, den man an diesem halben Feiertag ausführlich beging. Wie geschickt das Brauchtum auch noch dem größten Asketen ein Stück sinnlichen Alltagswert abringen kann!

AN SEINE BEINE KUSCHELT SICH EIN SCHWEIN, NICHT GERADE DIE SORTE VON TIER, DIE MAN IN EINER KIRCHE ERWARTET.

Den Antoniusschweinen ging es am 17. Januar an den Kragen. Die durch ein Glöckchen am Hals gekennzeichneten Säue der Antoniter durften das ganze Jahr fressen, wo immer sie wollten. Ihr Fleisch bekamen die Armen. Später wurde dieses Verfahren von Pfarreien übernommen, die es im Laufe der Urbanisierung umwandelten. Man sammelte nun Geld für Antoniusbrot, wie man es in machen Kirchen auch heute noch findet.

Der Vorname Antonius wurde liebevoll in den Dialekt übernommen: Die Kölner kreierten ihren Tünn, der mit einem gewissen Negativeinschlag auch zum Tünnes werden konnte. Einer der beiden Kölner Protagonisten, Tünnes und Schäl, erhielt sogar diesen Namen. In Köln gab und gibt es auch eine Antoniusgasse, die in historischen Quellen so aber noch lange nicht aufgeführt werden muss, sondern eben Tünnesgasse genannt wird. In dieser Gasse entstanden übrigens auch die Kölner Cellitinnen, ein verdienstvoller Krankenpflegeorden nach der Regel des heiligen Augustinus. Wozu so eine Tünnesgasse nicht alles gut ist!

Und was geschah mit den Antonitern? Nach der Reformation gingen Stiftungen und Spenden, von denen sie lebten, stark zurück. Mit der Erkenntnis, in welchem Zusammenhang Mutterkornpilz und Antoniusfeuer stand, sank die Zahl der Erkrankten. Die Bedeutung des Ordens sank. Die in Deutschland verbliebenen dreiunddreißig Häuser wurden 1777 durch päpstliches Dekret dem Malteserorden inkorporiert. Neben dem Kloster in Höchst verweigerte sich auch das 1384 gegründete Kölner Kloster dieser Regelung. Der kölsche Widerstand gegen den Papst dauerte nicht lange. 1803 wurde auch das Kölner Kloster säkularisiert.

Und was hatten die Antoniter nun davon? Ihre Klosterkirche wurde den Protestanten als erste Pfarrkirche übergeben und wird seitdem von „der anderen Religion" regiert. Das Gute daran ist, dass die Kirche auf diese Weise eben nicht wie viele andere abgerissen wurde. Wahrscheinlich hat der Ferkestünn seine Hand darüber gehalten!

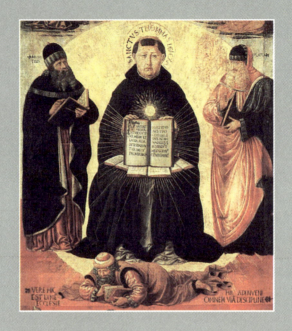

Der heilige Thomas von Aquin,
dargestellt als erleuchteter Buchautor

# DER STUMME OCHSE THOMAS VON AQUIN

EIN HEILIGER BUCHSCHÄNDER

Thomas von Aquin, um 1225 auf Schloss Roccasecca bei Aquino in Italien geboren, ist einer der wichtigsten Kirchenlehrer; ihm wurde der Titel „Doctor Angelicus" zugesprochen. Er ist einer der Hauptvertreter der Scholastik, dessen außerordentlich umfangreiches Werk bis in die Gegenwart nachwirkt.

Als siebter Sohn des Grafen Landulf von Aquino wurde er bereits mit fünf Jahren in das Kloster Montecassino geschickt, wo sein Onkel Sinibald Abt war. Seine Familie wollte, dass er der Nachfolger seines Onkels wurde. 1244 revoltierte der Aquinate. Er wollte kein saturierter Benediktiner, sondern Mitglied der geistigen Avantgarde seiner Zeit werden. Er trat bei den Dominikanern ein, einem erst 1215 gegründeten Bettel- und Predigerorden. Dort erkannte man sehr schnell, welche Qualitäten in dem jungen Mann steckten. Thomas wurde zuerst nach Rom und später, um ihn aus dem Einflussbereich seiner Familie zu entfernen, an die damalige Elite-Universität nach Paris geschickt. Keiner der frommen Ordensbrüder hatte jedoch mit den Liebenswürdigkeiten der Familie des Aquinaten gerechnet: Auf dem Weg nach Paris – zu Fuß und unbewaffnet, wie die Ordensregel vorschrieb – wurde Thomas gekidnappt – von seinen eigenen Brüdern im Auftrag seiner Mutter. Man schleppt ihn auf die heimische Burg Monte San Giovanni Campano in das Familiengefängnis. Wie bricht man den Willen eines verstockten Kindes, mag die hochherrschaftliche Frau Mama gedacht haben und dachte doch nicht viel anders als heute Spießer denken: Sex sollte den Herrn Sohn gefügig machen, weshalb man ihm eine grell aufgetakelte „Dame" zur Gesellschaft gab. Die Historie erzählt, Thomas habe sehr gepflegte Manieren besessen; gegenüber der „Dame" vom Gunstgewerbe hat er sie vergessen und diese Versuchung schnell vergrault; und von da an war er wieder allein, zwar immer noch im Verlies, aber fleißig mit Lesen und Kommentieren beschäftigt. Über ein Jahr blieb das so, bis sich das politische Fähnlein wandelte, und seine honorige Familie nicht den Papst vergraulen wollte, weil der bisherige Hort der Familie, Kaiser Friedrich II., seine Macht zu verlieren drohte. Nach italienischer Art gekidnappt, ließ man ihn nun auf italienische Art wieder laufen. Ein vorgetäuschter Überfall bildete den Hintergrund, damit die Familie nicht ihr Gesicht verlor.

Und Thomas? 1245 hieß es endlich: Nichts wie hin nach Paris. Er wohnte im Dominikanerkloster Saint-Jacques, das Jahrhunderte später als Versammlungsort antimonarchistischer Revoluzzer, die sich nach ihrem Versammlungsort „Jakobiner" nannten, neue Berühmtheit erlangte. An der Sorbonne lehrte seit 1243 Albertus von Lauingen, später besser bekannt unter dem Namen Albertus Magnus, natürlich gleichfalls Dominikaner. Er war der Shootingstar unter den Theologieprofessoren, befasste er sich doch mit griechischer und jüdisch-arabischer Philosophie. Er versuchte Vernunft und Glaube in ein Gleichgewicht zueinander zu bringen. Ihm schloss sich Thomas von Aquin als Schüler an.

Als Albertus von seinem Orden 1248 nach Köln geschickt wurde, um dort das gerade begründete Studium generale zu fördern, wurde damit nicht nur der Grundstein für die spätere Universität Köln gelegt, einer der ersten Studenten hieß Thomas von Aquin, denn er folgte seinem Meister nach Köln. Von 1248 bis 1252 war Thomas von Aquin in dieser Stadt zu Hause, genauer in der Lehranstalt der Dominikaner, die sich dort befand, wo heute die Straße „An den Dominikanern" heißt.

AUF DEM WEG NACH PARIS – ZU FUSS UND UNBEWAFFNET, WIE DIE ORDENSREGEL VORSCHRIEB – WURDE THOMAS GEKIDNAPPT – VON SEINEN EIGENEN BRÜDERN IM AUFTRAG SEINER MUTTER.

Bei der Beschreibung der Figur des späteren Heiligen begeisterte sich noch mein Bonner Philosophieprofessor in seiner Vorlesung so sehr, dass er bei der Andeutung des außerordentlichen Leibumfangs dieses Genies sein gesamtes Manuskript im Hörsaal verteilte. Und wirklich, Thomas muss das gewesen sein, was man heute schönfärbend einen stattlichen Mann nennt: Kugelrund – so rund, dass man ihm am Mittagstisch für seinen Bauch einen Teil des Tisches ausschnitt, damit er weiter ordentlich zulangen konnte. Die sensibel besaitete Studentenschaft hatte denn dann auch gleich für den inzwischen zum Assistenten und Mitarbeiter des großen Alberts Aufgestiegenen den passenden Begriff bereit: Stummer Ochse wurde Thomas genannt, denn entgegen seiner italienischen Gene war er keineswegs ein Plappermaul, im Gegenteil. Als Albert eines Tages seinen Studenten eine besonders schwierige Aufgabe stellte, konnte sie keiner beantworten. Einer nach dem anderen schlich sich aus dem Lehrsaal. Nur Thomas blieb übrig. Er beantwortete nicht nur die gestellte Frage, was heute ja schon manchem Schüler schwer fällt, sondern baute die Frage aus und ergänzte sie um Aspekte, über die Albert selbst noch nicht nachgedacht hatte. Verblüfft lobte der große Albert: „Sie nennen dich zwar einen stummen Ochsen, aber du wirst noch ein solches Gebrüll von dir geben, dass es in der ganzen Welt ertönt." Wer heutzutage erstaunt die Wetterfahne auf dem Maternushaus in Köln betrachtet, findet hier den stummen Ochsen wieder.

> STUMMER OCHSE WURDE THOMAS GENANNT, DENN ENTGEGEN SEINER ITALIENISCHEN GENE WAR ER KEINESWEGS EIN PLAPPERMAUL, IM GEGENTEIL.

Als dieses Haus gebaut und diese Wetterfahne entstand, wusste noch kein Mensch, dass der heilige Thomas in diesem Haus noch ein ganz besonderes Zeugnis seines Fleißes hinterlassen hatte. Der Codex 30 der im Maternushaus beheimateten Dom- und Diözesanbibliothek ist eine Handschrift aus dem 11. Jahrhundert. Sie enthält Texte des Pseudo-Dionysius Areopagita, ein echter Zungenbrecher, aber so wird er nun einmal genannt. Und der war zu Zeiten des Thomas in, weil Albertus einen Kommentar zu diesem Autor schrieb. Wie es bis in unsere Tage geblieben ist, wenn Meister schreiben, konzipieren die Lehrlinge. Irgendwie müssen sie auch lernen, woher ihre Meister ihre Weisheiten schöpfen. Auch Thomas hat das getan, nachweislich. Denn auf den ersten zweiundfünfzig Seiten des Codex 30 finden sich, von der Hand des Thomas geschrieben, zwischen den Zeilen und am Rand kürzere und längere Anmerkungen. Es besteht kein Zweifel, der Vergleich mit anderen Thomas-Autographen lässt nur einen Schluss zu: Thomas hat hier wohl Material für die Vorbereitung der Vorlesung von Albertus gesucht und gefunden – und sich dabei Notizen gemacht, leider nicht auf einem Notizzettel, sondern in diese Handschrift, die zu seiner Zeit schon ehrwürdige zweihundert Jahre auf dem Buckel hatte. Von einem Rüffel, den dieser Bücherschmierer erhalten hat, ist nichts überliefert. Vielleicht hat er auch keinen bekommen, weil kein Mensch mehr in dieses Buch geschaut hat. Nach fast achthundert Jahren wurden diese Kleckereien des späteren heiligen Kirchenlehrers entdeckt.

„JA, WENN DER HEILIGE THOMAS DAS GEDURFT, DANN KANN MAN MIR DOCH KEINEN VORWURF DARAUS MACHEN!"

Und was damals sicher auch schon eine fiese Schmiererei war, gerät heute der Bibliothek in Köln zum Triumph: Handschriftlich hat sich der heilige Thomas von Aquin in Köln verewigt! Welche Bibliothek kann das schon von sich behaupten? Und es wäre kein richtiger katholischer Heiliger, wenn die Sache nicht noch einen Hintersinn hätte wie etwa die Entschuldigung bücherschmierender Schüler: „Ja, wenn der heilige Thomas das gedurft hat, dann kann man mir doch keinen Vorwurf daraus machen!" Heilige sind – im Rheinland – für manches gut, von dem sie zeitlebens nichts gewusst haben.

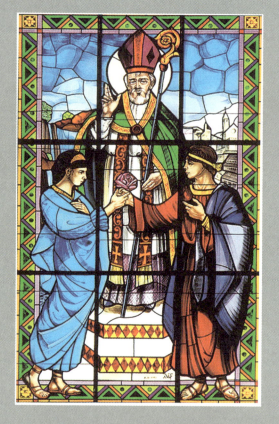

Der heilige Valentin von Terni,
in einem Kirchenfenster als Patron der Liebenden vorgeführt

# Von Valentin und Valentine

## Im Zeichen der Liebe

Kaum sind Weihnachten und Silvester vorüber, beginnt der Handel die Männer unter Druck zu setzen. „Zeichen der Liebe" – und möglichst viele davon und vor allem teure – sollen erworben werden, um am 14. Februar, dem Valentinstag, der Damenwelt das Herz zum Schmelzen zu bringen. Freundin oder Ehefrau, Mutter und Oma, keine will zurückstehen und jede vollbringt geistig die doppelte Handbewegung: weg von sich und hin zu sich. Keine besteht auf diesem teuren Brauch, aber jede wäre beleidigt, würde sie nicht mit ihm behelligt. So ergießen sich dann schnapsige Pralinen der Marke „Mein Liebling" und schokoladige Tafeln mit dem peinlichen Namen „Dankeschön" für die Sprachunbegabten und Tonnen völlig übertreuerter roter Rosen über vollkommen überraschte Damen, die sich dazu noch vorgestanzte Kitschgedichte anhören müssen. Und wenn ein männlicher Brummbär diesen Tag ignorant übersehen hat? Für den wird es teuer, meist doppelt so teuer, wie es gewesen wäre, hätte er sich an dieser merkwürdigen Aktion rechtzeitig beteiligt. Alles Liebe zum Valentinstag! So oder so ähnlich lautet die Formel, die altgediente Ehemänner fürchten wie der Teufel das Weihwasser.

Und daran soll ein heiliger Bischof schuld sein? So zumindest säuseln die vereinigte Süßwarenindustrie, die Blumenhändler und Schmuckindustrie. Ein Bischof war's, der aus dem Gefängnis den Verliebten Blumen über die Mauer zuwarf und Verliebte traute. Nun 'mal ehrlich: In welchem Gefängnishof blühen rote Rosen, die man abpflücken darf und traut man eigentlich Pärchen, die man durch die dicke Zuchthausmauer gar nicht sehen kann? Das gibt es heute nicht und das hat es mit an Sicherheit grenzender Wahrscheinlichkeit auch zurzeit der römischen Heidenkaiser nicht gegeben.

> EIN BISCHOF WAR'S, DER AUS DEM GEFÄNGNIS DEN VERLIEBTEN BLUMEN ÜBER DIE MAUER ZUWARF UND VERLIEBTE TRAUTE.

Tatsache ist, an diesem Tag ist zunächst einmal kein Heiliger schuld, sondern das Konzil von Konstantinopel. Es führt 381 für die Westkirche ein, was in der Ostkirche längst praktiziert wird. Weihnachten wird am 25. Dezember gefeiert und nicht mehr am 6. Januar. Das hat Folgen, zumindest für die von Weihnachten abhängigen Feste. Vierzig Tage nach Weihnachten wird das Fest der Darstellung des Herrn gefeiert, Jesus wurde im Tempel vorgestellt und freigekauft. Was bisher am 14. Februar gefeiert wurde, rückte vor auf den 2. Februar, wo es bis zum heutigen Tag auch geblieben ist. Und der alte Weihnachtstermin wurde - nein, noch lange nicht zu „Dreikönige" – sondern zum Festtage „Epiphanie", der Erscheinung des Herrn. In einem engeren Sinn ist hier heute der Weihnachtsfestkreis zu Ende, in einem weiteren Sinn reicht er bis zum 2. Februar.

Der 6. Januar wurde also schnell wieder mit Feier und Sinn gefüllt, nicht aber der 14. Februar. Und das hat sich bitter gerächt (s.o.). Nicht nur der Rheinländer denkt: Wo jett war, und wo jetzt nix mie is, muss jo widder watt hin!

Wer das eingeführt hat und wann, und wie es sich verbreitet hat, weiß keiner mehr zu sagen. Aber bis zur Kalenderreform nach dem Zweiten Vatikanischen Konzil, der Neuerscheinung des Missale Romanum 1970, wurde am 14. Februar eines Valentins gedacht, den keiner bestellt hatte und von dem auch bis heute keiner weiß, welcher der vielen Valentins es eigentlich war.

Um den wahren Valentin streiten darum nicht nur die Theologen und Historiker, sondern auch die vielen Kirchen und Klöster, die einen heiligen Valentin in Form von Reliquien anzubieten haben.

Bei aller Diskussion scheint es sich herauszukristallisieren, dass der am 14. Februar verehrte Valentin jener Bischof von Terni war, dessen kultische Verehrung seit dem 4. Jahrhundert in Rom eingeführt war. Ihm errichtete Julius I (337–352) an der Via Flaminia eine Basilika, in der er Brandea deponierte, also Leinen- oder Seidentücher, mit denen die Reliquien des Heiligen berührt worden waren. Diese Brandea wurden an der Via Flaminia als Sekundärreliquien aufbewahrt. Dieser Märtyrer ist im Martyrologium Hieronymianum belegt und dem 14. Februar zugewiesen. Von diesem Valentin gibt es eine im 5./6. Jahrhundert entstandene Märtyrerlegende, die ihn als Bürger und Bischof von Terni bezeichnet, der in Rom hingerichtet, aber von seinen Schülern in der Nähe des Geburtsortes beigesetzt wurde (hier wird allerdings der 14. April als Todestag angegeben).

Unter anderem Kiedrich im Rheingau hat das über Jahrhunderte nicht gehindert zu behaupten, man besäße die echten Reliquien des heiligen Valentin. Hier gab es eine spezielle Verehrung des heiligen Valentin von Terni. Bei den Reliquien soll es sich um einen Schädel und einen Armknochen handeln. Ein Abt der nahe gelegenen Zisterzienserabtei Eberbach habe die Reliquien im 14. Jahrhundert nach Kiedrich verbracht, heißt es dort. Nicht weit weg von der wegen ihrer gotischen Ausstattung berühmten Kiedricher Kirche steht noch das Sankt-Valentinus-Haus, heute ein psychiatrisches Krankenhaus, früher ein Heim für epilepsiekranke Frauen.

Und warum das? Der heilige Valentin galt im Mittelalter als Schutzpatron gegen die Fallsucht, die Epilepsie, auch als „Valentins-Krankheit" oder „Valentins-Plage" bezeichnet. Zur Heilung der Pilger wurde die Hirnschale des Heiligen eingesetzt. Der Genuss von Valentinswasser sollte gegen die „fallende Sucht" helfen. In Kiedrich berührte man mit Zweigen von auf dem Kirchhof wachsenden Eiben die Statue des Heiligen und kochte dann gegen die Fallsucht Tee daraus. In Meran, heute Südtirol, half das Verschlucken von Holzstückchen vom Altar des Heiligen gegen Zahnschmerzen. Gichtkranken Kindern setzte man in Würzburg Valentinsreliquien auf den Kopf. Der Heilige wurde auch bei Gebärmutterleiden angerufen; man opferte ihm wächserne Kröten, verbergende Symbole für die Gebärmutter. In Juniège hat man die Pfarrkirche dem Heiligen geweiht, weil alle Ratten, die das Land verwüsteten, sich in die Seine stürzten, als seine Reliquien hindurchgetragen wurden.

Das heutige Brauchtum am sogenannten Valentinstag leitet sich mit Sicherheit nicht von irgendeinem heiligen Valentin ab. Vielleicht hat man sich irgendwann daran erinnert, dass im heidnischen Rom am 14. Februar das Fest des Hirtengottes Lupercus gefeiert wurde, bei dem junge Männer und junge Frauen durch Losentscheid miteinander auf Zeit verbunden wurden. Amor, der Liebesgott stand dabei Pate. Vielleicht hat der leere Tag auch nur die Chance geboten, frühe Frühlingsgefühle, die in kälteren Gegenden erst im Wonnemonat Mai auszubrechen drohen, vorzuverlegen. Niemand weiß es genau. Bekannt ist allerdings, dass zeitgenössische kirchliche Versuche, dem Tag einen anderen Akzent zu geben, wenig erfolgreich waren: Statt den Namen eines Liebsten zu losen, mussten die jugendlichen Interessenten die Namen christlicher Heiliger küren, deren Leben und Tugenden sie sich zum Vorbild nehmen sollten. Ein typischer Fall, bei dem die Interessen der Zielgruppe mit denen der Anbieter nicht übereinstimmten, was die Nachfrage in kürzester Zeit gegen Null führte.

> WO JETT WAR, UND WO JETZT NIX MIE IS, MUSS JO WIDDER WATT HIN!

Im Spätmittelalter hatte der 14. Februar die Bezeichnung Vielliebchentag angenommen. Jeder Valentin durfte sich eine Valentine wählen, die er ein Jahr lang ausführen und – mit allem Anstand – verehren durfte. Mailehen nennt man dieses Brauchtum heute. Und diese Form der Eheanbahnung muss durchaus erfolgreich gewesen sein.

Und was lernen wir daraus? Et künnt in Kölle so schön sein, wenn et nit dä fremde Krom all jäv, der uns dat Leve schwer mäht. Mir hannt dä Bischof Valentin nit bestellt!

Der heilige Matthias in Trier

# Per Pedes Apostolorum

## zum Mattes nach Trier

"Per pedes apostolorum" sagt man von einem, der sich auf die Socken macht, um – zu Fuß – wie seinerzeit die Apostel im Auftrag Jesu, loszuziehen. Das Zitat lässt sich auch verwenden, wenn man mit ihm beschreibt, dass man sich wie die Apostel auf den Weg zu einem Apostel gemacht hat. Nördlich der Alpen gibt es nur einen, der Ziel eines solchen apostolischen Weges sein kann: der dreizehnte Apostel, Ersatzmann für den ausgeschiedenen Judas Iskariot, ein Mann mit Namen Matthias. Nein, nicht Matthäus. Der Name Matthäus kommt aus dem Griechischen, von Maththaíos. Matthias (mit Doppel t) gibt es zwar auch im Griechischen als Mattathias, vor allem aber als Mattithia im Hebräischen. Matthias bedeutet „Geschenk Gottes".

„Geschenk Gottes!" – so mag mancher der Matthias-Pilger unterwegs denken – die haben gut reden. Das Geschenk schmerzfreier Füße wäre ihm wohl lieber. Aber, der innere Schweinehund wird niedergerungen. Seit dem 11. Jahrhundert pilgern Männer, Frauen und Kinder nach Trier, wo sich das Grab des Apostels Matthias befindet. Und die mittelalterliche Tradition ist nach wie vor lebendig: Allein im Erzbistum Köln gibt es siebenundzwanzig Matthiasbruderschaften, die jedes Jahr nach Trier pilgern. Rund hundertvierzig Gruppen kommen jedes Jahr zu Fuß nach Trier, nach Märschen von durchschnittlich drei bis vier Tagen, aber auch über Entfernungen von mehr als dreihundert Kilometern. Und bei einigen Pilgerreisen zu Ehren des heiligen Matthias werden Matthias-Münzen ausgegeben, die den Namen „Matthiarius" tragen.

Zweidrittel der Bruderschaften haben eine oft jahrhundertelange Tradition, aber etwa ein Drittel sind erst in den letzten Jahren entstanden. Die meisten suchen Trier in den beiden Wochen vor und nach Pfingsten auf, richten sich also nach dem Tag der Wahl des dreizehnten Apostels am Samstag nach Christi Himmelfahrt. Hatte der Pilgerstrom einmal von der Nordsee bis zu den Alpen gereicht, kommen die modernen Pilger meist aus den Bistümern Trier, Köln und Aachen.

Wer war dieser Matthias eigentlich? Einer unsicheren Quelle nach stammte Matthias aus einer wohlhabenden Familie in Bethlehem. Er habe Jesus schon früh gekannt und sei dann einer der siebzig Jünger gewesen. Nach dem Abgang von Judas Iskariot wurde er zum Apostel befördert und – die Legenden sind da nicht kleinlich – habe er in Äthiopien, Griechenland, Mazedonien und sogar im Kaukasus missioniert – eben ein frühchristlicher Weltenbummler. Er habe ein Giftattentat überlebt, Prügel und Gefängnis, ja, selbst der Teufel habe nur mit den Zähnen knirschen, aber nichts gegen den Apostel ausrichten können. Und so mancher halsstarrige Heide wurde einfach von der Erde verschlungen. Den Tod fand Matthias schließlich – so die Legende – in Äthiopien durch Steinigung oder Enthauptung, weshalb er oft mit einem Beil, einer Hellebarde, Schwert, Lanze oder Steinen dargestellt wird.

Und warum dieses schweißtreibende, schmerzhaft-fromme Wandern? Trierer Legenden nach hat die römische Kaiserin Helena (248/250–330), die in Jerusalem und Umland alles, was mit Jesus in Verbindung stand und nicht niet- und nagelfest war, abmontieren und nach Rom bringen lassen. Unter anderem traf es auch die Überreste des dreizehnten Apostels. Der aber kam nicht nach Rom, sondern in die zweite Kaiserresidenz nach Trier. Und weil die Zeiten damals nicht besonders friedlich waren, versteckte man die Gebeine bei anderen, denen der früheren Trierer Bischöfe. Dann, so die Legende, seien die Knochen des Apostels Matthias vergessen worden. Mitte des 11. Jahrhunderts habe Kaiser Heinrich III. (1039–1058) einen Tipp erhalten – von wem und warum weiß keiner mehr. Man habe nachgeforscht, sei auf das Grab des Apostels gestoßen, habe dem Kaiser ein paar Reliquien überlassen, das Grab aber wieder verschlossen. Im Zusammenhang mit Abrissarbeiten an der heutigen Matthiaskirche in Trier im Jahr 1127 habe man die Reliquien wiederentdeckt. Seitdem seien sie das Ziel von Wallfahrten gewesen. Zwei Fakten scheinen das zu bestätigen: Vor dem 11. Jahrhundert gibt es auch in Trier keine eigene Matthiasverehrung und die heutige Matthias-Kirche hieß bis in diese Zeit St. Eucharius. Im Rahmen des dann einsetzenden Matthias-Booms wurde St. Eucharius zu St. Matthias.

Nun kann man auf der einen Seite mit an Sicherheit grenzender Wahrscheinlichkeit davon ausgehen, dass es keinen einzigen Beweis für das Vorhandensein der Gebeine des Apostels Matthias in Trier gibt. Auf der anderen Seite kann man sagen: Was macht das schon? Wir verehren ja nicht die Knochen, sondern den Heiligen selbst. Mögen die Vorväter einmal geglaubt haben, die Knochen wären echt, schert das den modernen Pilger nicht. Der wahre Jakob findet sich ja mit Sicherheit auch nicht in Santiago! Also, was macht das schon. Trier ist schön und der Weg bekannt, die Tradition lebt.

Die Popularität eines Heiligen lässt sich unter anderem auch daran messen, wer ihn für sich vereinnahmt hat. Bei Mattias sind das vor allem die Bauhandwerker, Metzger, Zuckerbäcker, Schmiede und Schneider, die ihn zu ihrem Patron gewählt haben. Gewählt haben ihn aber auch die Eltern, die ihren Kindern seinen Namen gaben. Matthias entwickelt zahllose Varianten. Um nur die wichtigsten davon zu erwähnen: Im Deutschen sind das: natürlich Matthias, aber auch Mathias, Mattias, Matias, Mathis, Mattheis, Heis, Matthes, Mattes, Mades, dann die Kurzformen: Mat, Matz, Matze, Matzi, Mattes, Matti, Mattse, Mati, Maeti, Thias, Atze, Moartl, Hiasi, Hias, Hiasl. Und wie immer braten die Alpenländler eigene Würste. Die Bayern und Österreicher kennen Hias, Hiasei, Hiesl und die Schweizer noch Mäthu, Mätthu, Mätu, Mäthi, Mätthi, Mätti, Mätzler, Tisu, This, Tisi, Ti. Unsere friesischen Nachbarn, die mit der heißen Kartoffel im Mund zu sprechen scheinen, müssen aufpassen, die heiligen Apostel nicht mit dem Matjes zu verwechseln, denn bei ihnen

> MÖGEN DIE VORVÄTER EINMAL GEGLAUBT HABEN, DIE KNOCHEN WÄREN ECHT, SCHERT DAS DEN MODERNEN PILGER NICHT.

heißt er Mathijs, Mattijs. Der dänische Matthies bildet im Deutschen die Vorlage zu dem Familiennamen Matthiessen. Bertold Brechts Stück „Herr Puntila und sein Knecht Matti" erinnert an das Finnische. Schön klingt der Name auch im Französischen als Mathieu, im Englischen als Matthew. Aber aufgepasst, diese Engländer kennen keinen Unterschied zwischen Matthias und Matthäus. Beide heißen hier einfach Matthew.

> ER HABE EIN GIFTATTENTAT ÜBERLEBT, PRÜGEL UND GEFÄNGNIS, JA, SELBST DER TEUFEL HABE NUR MIT DEN ZÄHNEN KNIRSCHEN, ABER NICHTS GEGEN DEN APOSTEL AUSRICHTEN KÖNNEN.

Die Regeln der Bauern werden auch an dem Gedenktag des Heiligen, den 24. Februar, festgemacht. Zum einen scheint sich an diesem Tage ablesen zu lassen, ob es kalt bleibt oder wärmer wird: „Taut es vor und auf Mattheis, geht kein Fuchs mehr übers Eis" oder „Tritt Matthias stürmisch ein, kann's bis Ostern Winter sein", zum anderen scheint nun der Saft in die Bäume zu schießen: „St. Matthias hab ich lieb, denn er gibt dem Baum den Trieb".

Wie auch immer das Wetter wird: Für die Pilgerreise zum heiligen Mattias nach Trier gilt keine Ausrede. Das Wetter wird genommen, wie es kommt!

# GERTRUD

### DAT MÄUSETRUDCHEN

Die Ur-Ur-Tante von Kaiser Karl dem Großen, Gertrud von Nivelles, war sich schon als Kind darüber klar, wohin ihr Weg sie einmal führen sollte: in ein Kloster. Dabei hätte die Tochter von Pippin dem Älteren und Itta von Nivelles durchaus einen properen Mann von hohem Stande heiraten und ein Leben in Luxus führen können. Nein, Gertrud (ahd. die Speerstarke) war sich sicher, das genau wollte sie nicht. Überhaupt scheinen die Frauleute dieser Familie bemerkenswert fromm gewesen zu sein, denn später gilt nicht nur Gertrud als heilig, auch ihre Mutter und ihre Schwester Begga werden als Heilige verehrt.

Mutter Itta hatte nach dem Tod ihres Mannes im Jahr 640 die Abtei Nivelles gegründet, worin sie dann als Nonne bis

Die heilige Gertrud von Nivelles (Rudolf Siemering 1896)
in Berlin-Mitte als Brückenfigur

zu ihrem Tod im Jahr 652 lebte. Gertrud trat im Alter von vierzehn Jahren in das Kloster ihrer Mutter ein und übernahm nach deren Tod die Klosterleitung bis zu ihrem eigenen Tod im Jahr 659. Gertrud war nicht nur sehr gebildet, sie trat auch für die Bildung von Mädchen ein, die alle wenigstens die Heilige Schrift lesen können sollten. Um die Mitte des 7. Jahrhunderts gründete sie in Unterfranken die Benediktinerinnenabtei in Karlburg, die sich besonders um Arme, Kranke, Witwen, Pilger, Gefangene und Gebrechliche kümmerte. Weil sie wandernde Gesellen und Scholaren beherbergte und beköstigte, wurde sie als „Schutzheilige der Landstraße" berühmt und im Mittelalter Patronin von zahlreichen Krankenhäusern.

Gertrud, oder wie sie im Rheinland liebevoll genannt wird Traudchen, wird meist als Äbtissin mit einem Spinnrocken, an dem eine oder mehrere Mäuse hinauflaufen, dargestellt. „Die ursach dessen such der Leser in der Lebensbeschreibung benannter Heiligen", erläutert ein alter Schriftsteller und verweist damit auf die Legende der Gertrud. In ihr wird berichtet, dass der Teufel die Heilige in Gestalt einer Maus beim Spinnen wiederholt, aber auch vergebens zur Ungeduld und zum Zorn zu reizen versucht hat. Weil sie durch Geduld und Gebet den teuflischen Nager vertrieben hat, hielt man sie für befähigt, Patronin gegen diese lästigen Schädlinge zu werden. Das hatte sie nun davon: Die Hochadlige war zum Mäusetrudchen geworden.

Sie wurde nun gegen die Mäuseplage im Haus, auf den Feldern und in den Gärten angerufen. Im Juli 1759 veranstalteten die fünf Bauerbänke in Köln (Genossenschaften der Acker- und Gemüsebauern) gemeinsam eine Prozession von St. Kunibert nach St. Gertrud, einem Kloster und einer Kirche am Neumarkt. Grund für dieses Beten mit den Füßen: „wegen der mäus"! Bei einer verheerenden Mäuseplage 1822 an den Rheinufern pilgerten fromme Bauern nach Köln und brachten „der heiligen Gertrud silberne und goldene Mäuse zum Opfergeschenke". In einigen Luxemburger Kirchen wurde früher am Gertrudentag (17. März) Wasser gesegnet und auf den Acker geträufelt, weil man glaubte, dieses „Mäusewasser" vertreibe die Mäuse. Andere schworen mehr auf „Gertraudenzettel", die zur Mäusevertreibung in Mauselöcher gesteckt wurden. In Bauernkalendern für Menschen, die nicht richtig lesen und schon einmal gar nicht schreiben konnten, wurden früher die Gedenktage der Heiligen durch die ikonographischen Merkmale der Heiligen gekennzeichnet. Nikolaus erschien durch ein Schwein (am 6.12. wurde früher das Hausschwein geschlachtet), Martin durch eine Gans und Gertrud eben durch ein Mäuschen oder deren zwei, die an einer Spindel mit Flachsgarn herumturnen.

> DIE HOCHADLIGE WAR ZUM MÄUSETRUDCHEN GEWORDEN.

Einen etwas anderen Sinn haben die Mäuschen, die sich im Restaurant des kirchlichen Maternushauses auf einem Wandbild finden. Als das Haus gebaut wurde, wollten die Erbauer dem Hausherrn, damals Joseph Kardinal Höffner, aus Dankbarkeit eine Freude bereiten. Gefragt, was er sich denn wünsche, zeigte sich der Kardinal wunschlos glücklich, bis jemand auf die Idee kam, ein Restaurant der Kirche sei doch durch das Bild eines Kornfeldes, das ja die Voraussetzung für die Eucharistie ist, nicht schlecht ausgestattet. Der Maler konnte es sich aber nicht verkneifen, in dieses Feld listigerweise auch ein paar Mäuschen unterzubringen. Die sprichwörtlichen „armen Kirchenmäuse" lassen sich auf dem Wandbild gerne suchen und jagen älteren betulichen Damen im Restaurant wohlige Schauder über den Rücken.

Es gibt auch ältere Damen, die mögen keine Mäuse, gar keine. Und sie machen auch für Kirchenmäuse keine Ausnahme. Die Ex-Außenministerin der USA, Madeleine Albright, ist eine solche Frau, die auf Mäuse hysterisch reagiert. Bei der Sitzung der G8-Außenminister im Rahmen des G8-Gipfels war sie im Juni 1999 in Köln. Die machtbewusste Dame hatte den Wunsch geäußert, einmal auf dem Chorstuhl des deutschen Kaisers im Kölner Dom Platz nehmen zu dürfen. Bis zum Untergang des alten Kurfürstentums und des Erzstiftes war der Kaiser immer Mitglied des Kölner Domkapitels gewesen. Es geschah, was in solchen Fällen geschehen muss: Der Dom wird geräumt, Scharfschützen werden positioniert, Bombenhunde suchen den Dom ab. Und bei all dem ist es im Dom vergleichsweise leise. Das vernehmen auch die Kirchenmäuse im Dom, die man auch Dommäuse nennen darf. Sie jedenfalls traten auf: Zwei rotteten sich zusammen und das ausgerechnet am Chorstuhl des Kaisers.

Es geschah, was in solchen Fällen geschehen muss: Der Dom wird geräumt, Scharfschützen werden positioniert, Bombenhunde suchen den Dom ab.

Sofort war die Mäusejagd eröffnet, still und ohne Halali, denn Frau Albright war schon unterwegs und drohte im nächsten Augenblick am Domportal zu erscheinen. Die hohen erzbischöflichen Herren, die einmal machtbewusst im Rheinland geherrscht haben, liegen heute ruhig und friedlich in mehr oder weniger bombastischen Gräbern im Dom herum. Dort sind sie heute freigiebig, zumindest den Mäusen gegenüber, denn Ritzen und Löchlein in ihren Grabaufbauten bieten den kleinen Grauen Unterkunft und Schutz. Bei einem dieser ausgedienten Fürsten schlupften die zwei Nager auch unter und waren nicht mehr gesehen, als Frau Albright gerade in den

Dom einmarschierte. Jeder Fotojournalist dieser Welt hätte sonst was für ein Foto einer angesichts eines Mäusleins auf dem kaiserlichen Chorstuhl stehenden, hysterisch kreischenden Frau Albright gegeben. Mäusetrudchen sei Dank, das Bild ist uns erspart geblieben.

In manchen Gegenden Europas endete die Spinnstubenzeit, das Arbeiten bei künstlichem Licht im Haus, am Gedenktag der Gertrud. Diesen Termin merkte man sich mit dem Spruch: „Gertrud mit der Maus / treibt die Spinnerinnen aus." Dieser frühe Frühlingstermin führte auch zu den Bauernregeln: „Gertraude nützt dem Gärtner fein, / wenn sie kommt mit Sonnenschein" oder „Friert es an Sankt Gertrud, / der Winter noch 14 Tag' nicht ruht." Für moderne Menschen sind solche Bauernregel erläuterungsbedürftig, wenn es z. B. heißt: „Willst du dicke Bohnen essen, / darfst du Gertrud nicht vergessen." Hier wird eben nicht auf die nette Bekannte namens Gertrud angespielt, die tödlich beleidigt wäre, nähme man sie zum Bohnenessen nicht mit, sondern auf den Termin Mitte März, wo die dicken Bohnen gepflanzt werden wollen.

> JEDER FOTOJOURNALIST DIESER WELT HÄTTE SONST WAS FÜR EIN FOTO EINER ANGESICHTS EINES MÄUSLEINS AUF DEM KAISERLICHEN CHORSTUHL STEHENDEN, HYSTERISCH KREISCHENDEN FRAU ALBRIGHT GEGEBEN.

Im Rheinland gehörte die Tant' Traudchen ebenso wie die Tante Appel (nicht von Apple, sondern von Appolonia) zur Grundausstattung einer jeden Familie. Ohne mindestens ein Traudchen im Familienclan ging es nicht. Eine gegen Mäuse und Ratten in der Familie war schließlich unverzichtbar.

# LIUDGER

#### EIN FRIESISCHER GÄNSEPATRON

  Er kam aus einem guten Haus und wird, wie oft auch der heilige Martin von Tours, mit einer Gans dargestellt. Geboren wurde Liudger (ahd. Speer des Volkes) 742 in Zylen bei Utrecht als Sohn einer einflussreichen friesischen Familie, die schon früh dem Christentum anhing und enge Beziehungen zu den bedeutenden angelsächsischen Missionaren Willibrord und Bonifatius, den wichtigsten Trägern der Mission in ihrem heimischen Gebiet, unterhielt. In späteren Zeiten brachte die Familie Liudgers bedeutende Bischöfe hervor, wie etwa den Bruder Liudgers, Hildigrim.

  Auf Liudgers Wunsch durfte er um 754 die Domschule des Martinsklosters in Utrecht besuchen, die von dem fränki-

DER HEILIGE LIUDGER
WIRD IM KÖLNER DOM ZUM BISCHOF GEWEIHT, BUCHMALEREI

schen Bonifatius-Schüler Gregor geleitet wurde. Unterbrochen wurde die Utrechter Schulzeit durch einen Aufenthalt in York im Jahr 767. Dort lernte Liudger Alkuin von York kennen, einen der damals einflussreichsten Universalgelehrten. Hier empfing er die Diakonweihe. 769 besuchte Liudger ein weiteres Mal die Yorker Schule Alkuins. 772/773 kehrte Liudger nach Utrecht zurück und beendete seine Ausbildung.

Am 7. Juli 777 empfing Liudger in Köln durch Bischof Ricolf die Priesterweihe. Er bekam ein eigenes Missionsgebiet zugewiesen und wirkte seit etwa 780 in Dokkum in Friesland, wo 754 der heilige Bonifatius mit zweiundfünfzig Gefährten den Märtyrertod erlitten hatte. Ein Sachsenaufstand ab 784 machte die Fortsetzung seiner Arbeit unmöglich. Liudger ging auf Pilgerreise nach Monte Cassino und Rom. Von Papst Hadrian I. erhielt er für seine geplante Klostergründung Reliquien zum Geschenk. Auf Berufung durch Kaiser Karl den Großen kehrte Liudger 787 nach Friesland zurück. Er war nun Leiter der friesischen Mission, ein Gebiet, das 792 um das westliche Sachsen ergänzt wurde. In Mimigernaford, dem heutigen Münster in Westfalen, gründete Liudger ein „monasterium" mit einer Basilika. Am 30. März 805 wurde der missionarische Friese in Köln durch Bischof Hildebold (ab 795 bis 818 der erste Erzbischof des Erzbistums Köln) zum Bischof des neu gegründeten Bistums Münster geweiht.

Wenige Jahre zuvor, am 18. Januar 799, hatte Liudger am Ufer der Ruhr Land für einen Klosterbau erworben. Am 1. Mai 801 war die Klosterkirche fertiggestellt.

Am 26. März 809 starb Liudger während einer Missionsreise im westfälischen Billerbeck und wurde auf seinen Wunsch hin im Kloster Werden beigesetzt.

Was hat dieser vermutlich rothaarige Spross friesischer Eltern mit Köln und mit Gänsen zu tun? Nördlich von Köln und südlich von Neuss hat er um 800 an der Erft „ad crucem" die Entscheidung getroffen, seine Missionsstation in Werden zu gründen. Das Land, das er aber im Neusser Süden erworben hatte, hielt er in Besitz – wahrscheinlich als Rückzugsgebiet für die klösterliche Gemeinschaft. Nach Liudgers Tod war das Land lange in benediktinischen Frauenhänden.

Und die Gänse?

Die älteste Darstellung des heiligen Liudger mit Gänsen stammt vom Ende des 15. Jahrhunderts und befindet sich als Miniatur im sogenannten Hugenpoet-Psalter in der Schatzkammer von Werden. Aber schon ganz früh tauchen die Gänse in den Liudger-Legenden auf. Im 12. Jahrhundert wird erzählt, dass auf dem Welderhof bei Neuss, einem Fronhof der Abtei Werden, ein Bauer dem Bischof klagte, dass die Wildgänse im Frühjahr auf seinen Feldern die neue Saat fressen würden und somit eine spätere Ernte unmöglich machten. Daraufhin befahl der Bischof den Gänsen, brav in einen Stall zu gehen. Die Felder wurden verschont, der Bauer konnte seine Ernte einfahren. Der Volksmund hat den Schauplatz der Sage später nach Billerbeck und Elte verlegt. Dort wird erzählt, der Heilige habe dem Bauern geraten, die wilden Gänse, die die Äcker verwüsteten, so lange einzusperren, bis sie versprächen, keinen Schaden mehr anzurichten. Oh Wunder, er hat geklappt!

In Billerbeck soll sich ein weiteres Gänse-Wunder ereignet haben: Weil ein Bauer über Wassermangel und Trockenheit

> DORT WIRD ERZÄHLT, DER HEILIGE HABE DEM BAUERN GERATEN, DIE WILDEN GÄNSE, DIE DIE ÄCKER VERWÜSTETEN, SO LANGE EINZUSPERREN, BIS SIE VERSPRÄCHEN, KEINEN SCHADEN MEHR ANZURICHTEN.

auf seinem Hof stöhnte, bat er den Heiligen um Hilfe. Liudger nahm zwei Gänse, steckte sie mit den Köpfen in die Erde und befahl ihnen, dort zu graben. Der Bauer fand hier endlich Wasser. An diesem Ort – heute der Ludgerusbrunnen in Billerbeck – soll Liudger dann auch getauft haben. Der Brunnen ist nach Auskunft des heutigen Landbesitzers noch nie ausgetrocknet. Ein Ackerstück in der Nähe heißt „Gänsepohl".

>**SELBST IN DEN TROCKENSTEN JAHREN SPRUDELTE DORT IMMER FRISCHES WASSER.**

Ludgerusbrunnen und Legenden in ähnlichen Versionen gibt es auch in Heek und Lippborg. Eine Variation des Wasser-Wunders ist aus Haltern bekannt: Als dort ein Bauer über eine versiegte Quelle auf dem Tannenberg klagte, habe Liudger seinen Wanderstab in den Boden gerammt, und sogleich soll an der Stelle frisches Wasser geflossen sein. Selbst in den trockensten Jahren sprudelte dort immer frisches Wasser.

Es wird vermutet, dass die Legende der Anlass wurde, dem Heiligen in der Kunst als Attribut Gänse zu geben. „Diese Annahme erscheint jedoch unwahrscheinlich", meint der Historiker Alois Schröer. „Mit besserem Grund deuten andere die Vögel als Trappen (Kranichvögel), die Liudger als Begründer des Ackerbaus und der Kultur in die sächsische Gegenden gefolgt seien. Dieser Deutung würde auch die Tatsache entsprechen, dass auf einem Taler des Werdener Abtes Adolf Borcken (1667–1670) die drei Vögel zu den Füßen des Heiligen Ähren in den Schnäbeln tragen."

Wie dem auch immer ist. Gänse und Heilige vertragen sich gut, denn, das wissen die Gänse nicht, dafür aber die Rheinländer: „Ne jut jebratene Jans is immer ne jute Jabe Jottes."

# Heiliger Isidor
## Patron in spe für den Cyberspace

M an kann darüber streiten, ob und wie gut die katholische Kirche mit Medien umgeht. Beim Radio gehörte zumindest der Vatikan zu den ersten Anwendern. Und in mittelalterlicher Tradition suchte die Kirche jedem einzelnen Medium einen Patron zuzuordnen. Das ist nicht ganz einfach, denn die heiligen Damen und Herren oder gar Engel haben diese Medien selbst ja gar nicht gekannt, für die sie nun eine Zuständigkeit erhalten.

Der heilige Franz von Sales beschirmt die Presse, was zumindest wohl im Fall der taz wenig nutzt und im Fall der verflossenen „Prawda", die das Gegenteil zu ihrem Titel, nämlich die Unwahrheit verkündete, nichts genutzt hat. Für das Radio hat der Erzengel Gabriel den Auftrag erhalten. Der Engel, der

Der heilige Isidor von Sevilla,
gemalt von Bartolomé Esteban Murillo, 1655

Maria die Geburt Jesu angekündigt hat, ist heute Patron eines bunten Straußes an Medien, der bei der Inbetriebnahme von Radio Vatican beileibe nicht vorauszuahnen war. Und die heilige Klara, Gründerin der Klarissen, kann zumindest nicht mit der von ihr verlangten Armut und Askese beim heutigen Fernsehen punkten. Bildschirmtext (auch Btx oder Videotex) war ein sehr kurzlebiges Medium (von 1980 bis 1987 in Deutschland) und hatte deshalb keine Zeit, händeringend einen Patron zu verlangen.

Das seit 1991 agierende Internet dagegen hat zeitlich und strukturell Ausmaße angenommen, die – zumindest in Italien allgemein und in Deutschland bei einigen vorsichtshalber unbekannt gebliebenen katholischen Medienspezialisten – das Verlangen nach einem Patron aufkommen ließ. Angeblich hat das den Vatikan beeindruckt und bewogen, die italienische Gruppe „Internet Observation Services" zu beauftragen, einen www-tauglichen Heiligen oder Heilige zu finden und vorzuschlagen – behauptet diese Gruppe.

Ein sich selbst als Beauftragter der katholischen Bischofskonferenz Italiens ausweisender Francesco Diani suchte den Cyberspace-Patron über die sinnigerweise so getaufte Internetseite www.santibeati.it. Und weil die Heiligen sich nicht selbst vorschlagen können oder sollen, votieren Christen massenhaft. Das Spektrum der vorgeschlagenen Kandidaten ist breit, wenn auch in vielen Fällen ohne Tiefgang. Vom heiligen Achillus bis zum heiligen Zoticus und Gesellen (den gibt es tatsächlich!) reichen die zahlreichen Vorschläge, die auch so medial Unverdächtige wie die heilige Therese von Lisieux, Jungfrau und Kirchenlehrerin, umfassen, wie auch alle Heiligen, wahrscheinlich von denen vorgeschlagen, die Angst haben, ein nicht benannter Heiliger könnte beleidigt reagieren.

Während die Internetseite www.santibeati.it noch fleißig mögliche Heilige für das Internetpatronat sammelt und wohl dem Vatikan die Auswahl überlassen will, hat sich „Internet Observation Services" schon entschieden: Der heilige Isidor von Sevilla soll es sein. Isidor? Das klingt nicht nach Gegenwart oder jüngerer Vergangenheit. Wer ist das und womit hat er dieses Schicksal verdient?

Der am 4. April gefeierte Isidor ist ein honoriger heiliger Bischof, der von etwa 560 bis 636 gelebt hat. Er trat als Nachfolger seines älteren Bruders das Amt des Bischofs von Sevilla an. Nicht das, sondern sein geradezu ängstigender Fleiß beim Schreiben hat nachhaltigen Eindruck hinterlassen. Er gilt, so lautet die Begründung der Vorschlagenden, „als einer der gelehrtesten Männer seiner Zeit". Seine „Etymologiae" allein umfasst zwanzig Bücher, die das damalige Wissen seiner Zeit zusammenfasst und uns über antike Autoren einzigartige Informationen liefert. Ergänzt wird dieses opus durch Werke zur Geschichte, Theologie, Linguistik und anderen Wissenschaften. Und dann versteigert sich der Protagonist dieser Truppe zu der Aussage: „Er war quasi ein Ein-Mann-Internet".

ZUMINDEST HAT DIESER HEILIGE – NACH MEINUNG SEINER BEFÜRWORTER – AUSSERORDENTLICHE QUALITÄTEN: ER IST FÄHIG, AN VERSCHIEDENEN ORTEN GLEICHZEITIG AUFZUTAUCHEN.

Aber ob ihn das für das world wide web qualifiziert?
Zumindest der Spanier Luis Angel Largo ist anderer Meinung. Er möchte, dass der Heilige Stuhl San Pedro Regalado zum Internetpatron ernennt, einen Priester, der von 1390 bis 1456 gelebt hat und als Schutzpatron der nordspanischen Stadt Valladolid sowie von Stierkämpfern gilt. Als Fan-Gemeinde be-

teilgt ist die „Asociación Amigos del Pisuerga", eine Vereinigung, deren Hauptinteresse eigentlich der Erhaltung des Pisuerga-Flusses gilt. Sei's drum. Zumindest hat dieser Heilige – nach Meinung seiner Befürworter – außerordentliche Qualitäten: Er ist fähig, an verschiedenen Orten gleichzeitig aufzutauchen. Drei Zeitzeugen berichteten, dass er in den beiden Klöstern La Aguilera und El Abrojo, die über fünfundsiebzig Kilometer auseinanderliegen, zur selben Zeit anzutreffen war. Außerdem soll er als Navigator nicht unbegabt gewesen sein, was ihn nach Ansicht des Pisuerga-Clubs zum geschickten Internetsurfen befähigt hätte. „Dieser Schutzheilige würde dem Internet eine spirituelle Komponente hinzufügen, die heute weitgehend fehlt", meint einer der Stimmungsmacher. Vielleicht ist er sich auch über die Bedeutung von Spiritualität gar nicht im Klaren.

> PER MAUSKLICK KANN MAN SICH VON VERWEIGERTEN GEBÜHRENZAHLUNGEN UND LUSTVOLLEM BETRACHTEN OBSZÖNER INTERNETSEITEN ABSOLVIEREN LASSEN.

Andere halten sich nicht lange damit auf, den Vatikan um Vorgaben zu bitten. Sie handeln selber. In Katalanien zum Beispiel haben einige schon die heilige Thekla zur Internetpatronin aufgebaut. Sie hilft gegen Bittgebete bei der Lösung von Computerproblemen und nimmt in einer virtuellen Kapelle online die Beichte ab – obwohl die offizielle Kirche so etwas strikt ablehnt. Per Mausklick kann man sich von verweigerten Gebührenzahlungen und lustvollem Betrachten obszöner Internetseiten absolvieren lassen. Aber: Sankt Thekla hört schlecht, zumindest auf andere Sprachen als das Katalanische. Deshalb beansprucht sie auch nur den Titel einer „Patrona dels Internautes Catalans".

Bis heute wird in allen Medien die Fehlmeldung verbreitet, der Vatikan habe am 7. Februar 2001 den heiligen Isidor zum Patron des Internet ernannt. Hat er nicht. Auch als der Heilige Vater am 18. Juni 2008 die Ansprache bei der Generalaudienz dem heiligen Isidor gewidmet hat, erfolgte auch hier keine noch so versteckte Beförderung zum Internet-Patron. Isidor kann beruhigt sein. Der Vatikan sitzt auch dieses Problem – wie manches andere ja auch – einfach auf dem Heiligen Stuhl aus. Und dem heiligen Isidor ist das sicher egal.

Und, oh Wunder, die ersten Gebete sprießen hervor, z.B. auf www.koflair.at/internetunser.asp in etwas knüppligem Deutsch:

„Allmächtiger und ewiger Gott
der Du uns geschaffen hast nach deinem Bilde
und uns geboten hast zu suchen nach allem, was da gut, wahr
und schön ist
besonders in der göttlichen Person
deines eingeborenen Sohnes, unseres Herren Jesus Christus
Erhöre unser Flehen
durch die Fürsprache von Sankt Isidor, Bischof und Doktor,
dass während unserer Reisen durch das Internet
wir unsere Hände und Augen
nur auf Dinge richten mögen, die Dich erfreuen
und all jene Seelen, die uns begegnen
behandeln mit Geduld und Barmherzigkeit
durch Christus unseren Herren.
Amen."

Ein wohl nicht ganz ernst gemeintes Gebet auf www.xwolf.de/2001/02/07/isidor-steh-uns-bei enthält zumindest in der letzten Strophe dennoch Bedenkenswertes:

„Oh Isidor, steh uns bei,
rette uns vor inkompetenten Personen in Verantwortungspositionen, vor skrupellosen Anwälten, vor dem teuflischen Bill und führe uns uns nicht in die Versuchung der Billighoster!

Oh Isidor, steh uns bei,
rette uns vor den selbsternannten Internetpionieren, den Individuals und den Skriptkiddies. Wirf sie runter in den finsteren Schoss der Verdammnis, auf dass sie ewiglich Fenster putzen.

Oh Isidor, steh uns bei,
rette uns vor dem Untergang des freien Netzes,
erhör unser Flehen und führe deine noch wachsende Herde heraus aus dem Zwielicht der ungehaltenen Versprechen von Startups und VC-Burner.

Oh Isidor, steh uns bei,
auch wenn wir Benutzerfreundlichkeit ebenso wichtig halten, wie Sicherheit.
Und hilf uns, einen Weg zu finden zwischen Big Brother und Verordnungswut.

Oh Isidor, steh uns bei,
verzeih uns unsere Ignoranz,
verzeih uns unsere Respektlosigkeit und erlaube uns menschlich zu bleiben. Amen"

Der heilige Georg kämpft gegen den Drachen, im Hintergrund die Königstochter, Altarschnitzerei

# Georg

## Ne Drachenkiller

Der Schorsch ist im Rheinland kein Unbekannter. Zahllose Leute hießen oder heißen noch so. Und den Adel, der den Heiligen im Mittelalter als ritterliches Vorbild für sich in Beschlag genommen hat, wird es nicht freuen zu erfahren, dass der Name eigentlich „Erd(be)arbeiter" oder „Landwirt", „Bauer" bedeutet. In Köln ist der heilige Georg schon lange heimisch. Erzbischof Anno II. (1056–1075) hat die Georgsverehrung aus seiner schwäbischen Heimat, St. Gallen und Bamberg mitgebracht. Eine der fünf Kirchen, die er im Erzbistum Köln gegründet hat, war die Kirche St. Georg, ein Chorherrenstift, dessen Gotteshaus 1067 geweiht worden ist. Aber auch im Benediktinerkloster Siegburg war die Georgsverehrung heimisch. Die durch Anno grundgelegte Georgverehrung trug lange Früchte: Um 1190 entsteht der Siegburger Benignusschrein. Auf seiner rechten Seite zeigt er die Heiligen Anno, Erasmus, Georg und Nikolaus. Der im Kölner Kloster Sankt Pantaleon um 1186 gefertigte Albinusschrein bildet ebenfalls –

unter den sieben christlichen Haupttugenden – den heiligen Märtyrer Georg ab.

Wer war dieser Georg?

Der Verfasser der „Goldenen Legende" beruft sich auf den Kirchenvater Ambrosius, nach dem sich als einziger „Georgius, der tapfere Streiter Christi, zu dem Gottessohn bekannte und die unzähligen Marter nicht fürchtete". Die Bezeichnung „Streiter Christi" bedeutet in diesem Zusammenhang nicht zwangsläufig, dass der Genannte Soldat gewesen sein muss. Der Märtyrer Georg starb im 2. oder 3. Jahrhundert in der Stadt Lydda in Palästina, wo seit dem 4. Jahrhundert das Grab des Heiligen verehrt wurde.

Die Überlieferung zum heiligen Georg war aber so unvollständig, dass seine Legende auf dem Konzil von Nicaea (325) unter die apokryphen Bücher gesetzt wurde.

Aufgrund einer Offenbarung haben die Kreuzfahrer im 11. Jahrhundert die Gebeine dieses Heiligen an sich genommen und mit sich geführt, um sich seiner Hilfe gegen die „Ungläubigen" zu vergewissern. 896 wird aber schon das Haupt des heiligen Georg auf der Insel Reichenau beigesetzt. Der Heilige gilt als Märtyrer.

Mit dem 1. Kreuzzug (1096–1099) kommt in Europa die Geschichte von Georg als Drachentöter auf. Die Verehrung des Heiligen bekommt neuen Auftrieb, weil die Ritterschaft nun den als Ritter etikettierten Heiligen zu ihrem Schutzpatron macht.

Die „Goldene Legende" berichtet: In einem See bei der Stadt Silena in Lybien hauste einst ein Drache, der die ganze Stadt in Angst und Schrecken versetzte. Da sie gegen ihn nicht ankamen, brachten ihm die Einwohner Opfer: zuerst zwei Lämmer täglich, und als sie keine mehr hatten, schließlich ihre eigenen Kinder. Eines Tages fiel das Los auch auf die Königstochter. Sie wartete schon in Fesseln auf ihren sicheren Tod, als in letzter Sekunde ein Ritter namens Georgius von Kappadozien daherkam. Er griff das Untier mit der Lanze an und warf es zu Boden. Die Jungfrau legte auf sein Geheiß dem Drachen ihr Halsband um. Dadurch wurde er so zahm und gefügig, dass er ihr brav wie ein Hündchen an der Leine in die Stadt folgte.

Der Befreier erklärte dem entsetzten Volk, sie hätten ihre Rettung Gott zu verdanken und sollten sich zum Zeichen des Dankes alle taufen lassen. König und Untertanen folgten dem Aufruf und wurden Christen. Nun machte Georg dem Scheusal mit dem Schwert vollends den Garaus und ließ es durch vier Paar Ochsen aus der Stadt schleifen.

Diese Drachentötergeschichte ist ein selbstständiges Märchen, das seit dem Altertum mit wechselnden Helden kursiert. Sie wurde nun der Legende des heiligen Georg vorgeschaltet, in der berichtet wird, dass Georg nicht nur heldenhaft seinen Glauben bekannt, allen Martern getrotzt hat, sondern dass er auch noch die Frau seines gnadenlosen Richters von seinem Glauben überzeugte und sie mit ihm starb.

In Deutschland ist die Drachentötergeschichte bis in das Märchen gelangt: In Grimms Märchen von den beiden Brüdern und Bechsteins Märchen von den drei Hunden geht es genau um diesen Drachenkampf.

Die Legenden stellen uns in Georg einen Prototyp für die Märtyrer der römischen Verfolgung vor: 1. Der Heilige und das Heilige und die Heilige (Kirche) sind nicht umzubringen. Noch bei ihrer Verurteilung und Hinrichtung bekehren sie Menschen, sogar die engsten Angehörigen ihrer Richter. Die Botschaft lautet: Die Verfolgungen haben dem Christentum eher genutzt als geschadet. Und 2.: Der Drache, Bild des Bösen und des Teufels, ist die Symbolfigur des heidnischen Roms. Um die „Jungfrau", nämlich die Gemeinschaft der Christen, die Kirche, zu retten, opfert sich Georg und wird so ein Heiliger.

Diese fromme Geschichte allein hat aber den heiligen Georg nicht in die Herzen der Menschen geprägt. Das haben Veranstaltungen gemacht, wie sie heute noch im Further Drachenstich vorgeführt werden. Der Drachenstich war nämlich einmal Teil der Fronleichnamsprozession. Auch im Rheinland wurde der Drache gestochen, d.h. ein stolzer und mutiger Ritter trat gegen einen Feuer spuckenden und Menschen fressenden Drachen an, um in diesem Schauspiel den erfolgreichen Kampf des Guten gegen das Böse vorzuführen. Derartige Lustbarkeiten mochten zwar das Kirchenvolk erfreuen, nicht aber die kirchliche Obrigkeit, die sich bis hin zur Aufklärung darum bemühte, den Drachenstich flächendeckend von Fronleichnam abzukoppeln und abzuservieren. Nur in wenigen Orten Europas, z. B. in Furth im Wald in der Oberpfalz oder Beesel in den Niederlanden, sind „Drachenstiche" in jährlichem oder mehrjährigem Abstand erhalten geblieben.

> DER DRACHE, BILD DES BÖSEN UND DES TEUFELS, IST DIE SYMBOLFIGUR DES HEIDNISCHEN ROMS.

Also, nichts für ungut, heiliger Georg. Du warst auch ohne die schaurige Drachenstory ein taffer Typ. Aber die alte Drachengeschichte war so gut, dass sie irgendwo untergebracht werden musste. Dass dies dann gerade mit dir geschah, war wohl Schicksal. Also wirklich, nichts für ungut.

# Der Heilige Florian

## Was so ein Eimer alles vermag

Florianer sind, das wissen alle großen und kleinen Zeitungsleser, die Männer und Frauen von der Feuerwehr, ob Freiwillige oder Bezahlte. Und Florianer sind wichtig und machen sich wichtig, wenn sie mit Blaulicht und heulendem Martinshorn auf quietschenden Reifen über die Straßen jagen. Das hat der heilige Florian, der am 4. Mai gefeiert wird und im Jahr 2004 schon eintausendsiebenhundert Jahre tot war, nie und nimmer geahnt. Wie hätte er auch? Seine Zuständigkeit für die Feuerwehr und das Feuerlöschen ist auch nicht durch sein Leben entstanden.

Wie die meisten Christen in der Antike ist der Heilige nicht zum Märtyrer geworden, weil er Christ war. Sondern weil er Christ war, hat er sich geweigert, den römischen Kaiser anzubeten und vor seiner Abbildung Weihrauch aufzuopfern. Das war Hochverrat, so urteilten damals die Richter und dieser Feststellung folgte immer das Todesurteil, das allerdings in vielen Varianten erfolgen konnte. Der römische Beamte und

# Der heilige Florian

Christ Florian, geboren in Cannabiaca, dem heutigen Zeiselmauer bei Tulln, starb am 4. Mai 302 in Lauriacum, dem heutigen Lorch in Oberösterreich, weil er Mitchristen, die verhaftet worden waren, zu Hilfe geeilt war. Die Tradition berichtet, Florian seien die Schulterblätter zerschlagen worden; anschließend habe man den Sterbenden mit einem Mühlstein um den Hals

Der heilige Florian löscht einen Hausbrand,
Hinterglasbild

in der Enns ertränkt. Die Legende berichtet, seine Leiche sei von anderen Christen gefunden und auf einem Ochsenkarren abtransportiert worden. An der Stelle, an der der Ochse stehen blieb, hat man Florian begraben. Über der Nekropole entstand eine Kirche, aus der sich das Stift St. Florian entwickelte.

Das ikonographische Merkmal, mit dem man den heiligen Florian ausstattete, war ein Eimer, genauer ein Wassereimer. Er sollte das Wasser versinnbildlichen, das den Heiligen um das Leben gebracht hat. Die Passio Floriani jedenfalls stammt erst aus dem 9. Jahrhundert und fußt unter anderem auf der Legende des heiligen Severin. Aus dem Wassereimer wurde ein Löscheimer, d. h. ein Behältnis, wie es in Zeiten vor der Erfindung der Wasserspritze in Gebrauch war: Ein Löscheimer wurde durch eine Menschengruppe bis zum Brandherd durchgereicht und über eine andere Gruppe wieder zum Wasserspeicher zurückgereicht. Aus dem ersäuften Florian wurde einer, der mit Wasser Feuer löschte.

> AUS DEM ERSÄUFTEN FLORIAN WURDE EINER, DER MIT WASSER FEUER LÖSCHTE.

So ein Mann war in den Zeiten, wo man vorwiegend oder ausschließlich mit Holz baute, wichtig. Denn wenn ein Haus brannte, fackelte die Nachbarschaft gleich mit. Ganze Stadtteile und Städte sind so bis auf die Keller abgebrannt. Und was half gegen die Feuersgefahr? Natürlich nicht allein der vorsichtige Umgang mit Feuer, sondern das Gebet zum heiligen Florian. Und manch einer hat es ehrlich so gebetet, was andere als Spott formuliert hatten: „O heiliger St. Florian, verschon mein Haus, zünd andre an."

Weil das mit dem Eimerpatronat so gut geklappt hatte, erstreckte sich das Patronat des Heiligen nicht nur auf die Feuerwehr, sondern auf alle, die was mit einem Eimer zu tun hatten: Bäcker, Rauchfangkehrer, Bierbrauer, Gärtner, Böttcher, Töpfer, Schmiede, Seifensieder. Natürlich rief man Florian auch an bei Feuer, Dürre und Brandwunden. Man feiert ihn am Florianstag und ersetzt dabei das viele Wasser, das den armen Florian umspült und ums Leben gebracht hat, durch Bier, meist viel Bier.

Nicht genug damit, dass Florian Feuer löschen muss. Der bereits erwähnte, vermeintlich an ihn gerichtete Bittruf „O heiliger St. Florian, verschon' mein Haus, zünd andre an" ist auch zum Sankt-Florian-Prinzip oder Floriani-Prinzip geworden. Dann nämlich, wenn man seine Probleme nicht selbst löst, sondern auf andere verschiebt. Dieses Prinzip wird nachweislich nicht nur in der Politik häufig angewandt.

Und weil heute alles in Denglisch formuliert sein muss, weil es dann ja so modern klingt, ist aus dem Florians-Prinzip seit etwa 1980 das „Nimby" geworden. „Nimby" ist das Akronym für Not in My Back Yard (nicht in meinem Hinterhof). Ein „Nimby", so heißen auch die Täter, vertritt z. B. die Nimby-Position, weil er Probleme nicht da löst, wo sie auftauchen, sondern sie dort hinschiebt, wo sie anderen auf den Keks gehen.

Im urbayerischen Bad Tölz hat man sogar einen heiligen Florian als Holzskulptur aufgestellt, der mit einem Eimer brennende Häuser löscht, aber sein durch eine heruntergelassene Hose deutlich sichtbares Hinterteil dem Finanzamt zuwendet. Wer kann noch einem Abgebrannten in die Tasche greifen, soll das sicher heißen.

Der heilige Florian ist wohl für vieles gut. Aber weil er eben das ist, gibt es zumindest im Erzbistum Köln keine einzige Pfarrkirche, die seinen Namen trägt: Das Schicksal eines banalisierten Heiligen.

# Der Appel-Jupp

## Ein Kölner Mystiker, verlobt mit der Muttergottes

Hermann Joseph von Steinfeld ist trotz seines Namens ein echter Kölner. Ursprünglich an dem heute üblichen Namen ist nur der „Hermann". Und das kam so: Der kleine Hermann, um 1150 in Köln geboren, war der Sohn einer verarmten Kölner Handwerkerfamilie. Im Alter von zwölf Jahren trat er in das Prämonstratenserkloster Steinfeld – heute ein Ortsteil von Kall in der Eifel – ein. Er arbeitete in der Sakristei und dem Refektorium und leistete seelsorgliche Arbeit in den Schwesternklöstern. Schon von seinen Mitbrüdern wurden seine „Klostertugenden" geschätzt: seine große Demut und Hingabebereitschaft, seine Radikalität und Vorbehaltlosigkeit, seine kindlich natürliche Frömmigkeit und seine aufopferungsvolle Dienstbereitschaft. Als er gegenüber der heiligen Gottesmutter klagte, er habe vor lauter Arbeit nicht mehr genug Zeit zum Beten, antwortete ihm Maria: „Du musst wissen, dass dir keine höhere Pflicht obliegt, als in Liebe Deinen Brüdern zu dienen!"

Grab des heiligen Hermann Josephs
in der Basilika des Klosters Steinfeld/Eifel mit Äpfeln

Überhaupt Maria. Sie ist der eigentliche Grund, warum der kleine Hermann den Weg ins Kloster fand. Schon früh war er ihr zugetan. In der Stiftskirche Maria im Kapitol in Köln stand eine besondere und besonders schöne Statue der Muttergottes. Sie entspricht dem aus Griechenland übernommenen Typ der Eleusa oder Glykophilusa, der mitleidenenden, der sich erbarmenden Maria, an die sich das göttliche Kind eng anschmiegt, Wange an Wange. Zu ihr schlich der kleine Hermann, wann immer er konnte. Und ihr schenkte er oft seinen Apfel für das Jesuskind, den er von zu Hause als Mahlzeit bekommen hatte. Eines Tages neigt sich ihm dabei Maria zu und nimmt den Apfel aus der Hand des Kindes an. Dieser legendäre Vorgang verdeutlicht die im ursprünglichen Sinn gläubige Naivität, die totale Hingabe des kleinen Hermann, für den das Natürliche und das Übernatürliche eine und nicht zwei getrennte Welten sind.

Aber diese Legende enthält noch einen zweiten verborgenen Sinn. Ein Apfel war für unsere Vorfahren nicht einfach ein Stück Obst, sondern auch ein Symbol. Im Lateinischen heißt der Apfel „malum", aber auch „Schuld" oder „Unheil" heißt „malum". Unsere Ahnen schlossen daraus: Was gleich klingt, muss auch gleich sein. Also: Ein Apfel symbolisiert die Schuld. So wurde der Apfel zur Frucht der Sünde am Baum der Erkenntnis im Paradies. In der Hand Evas ist der Apfel das Symbol der Erbschuld, aber in der Hand der „neuen Eva", der Gottesmutter, wird der Apfel zum Zeichen der Erlösung. Maria reicht den Apfel an das Jesuskind weiter, und durch sein Leben und Sterben wird aus der Schuld Heil.

Der kleine Hermann hat so etwas gewusst. Und die Entgegennahme seines Apfels durch die Mutter Jesu deutet ihm an, wenn er sich diese Innerlichkeit erhält und sie vertieft, wird auch er an dieser Erlösung Anteil haben.

Seine Mitbrüder bekamen schnell mit, in welcher Art und Weise Frater Hermann die Gottesmutter verehrte. Hermann bekam den Spottnamen „Joseph" übergestülpt, weil er doch Maria mindestens so innig liebte wie ihr damaliger Bräutigam. In der Nacht, bevor er sich wegen dieses Spotts bei seinen Oberen beklagen wollte, sah er sich im Traum in eine Kirche geführt, wo er die Jungfrau Maria mit dem Jesuskind auf dem Hochaltare erblickte. Maria rief ihn zu sich und als er das Christkind lächeln sah, sprach er zu Maria: „Gib mir, liebe Mutter, dein Kind." Maria zögerte. Weil aber Hermann nicht nachließ zu bitten, reichte sie ihm ihr Kind und sagte: „Nimm hin meinen Sohn, welchen einst mein Bräutigam Joseph auf der Flucht nach Ägypten in seinen Armen trug; nimm aber auch mit der Bürde den Namen des heiligen Joseph und weigere dich nicht mehr, diesen Namen zu führen, da du doch so gerne verlangest, was mit diesem Namen verbunden ist, nämlich die jungfräuliche Reinheit und den Umgang mit Jesus und Maria." Seit dieser Zeit ließ Hermann sich gerne mit Hermann Joseph anreden.

Hermann, der Prämonstratenser, sollte aber noch eine ganz andere mystische Erfahrung machen. Maria wollte sich mit ihm feierlich verbinden.

Während einer Nacht, in der Hermann Joseph die Zeit im Gebet in der Kirche zubrachte, sah er eine wunderschöne junge Frau im vorderen Teile der Kirche; sie erstrahlte in einem

> ZU IHR SCHLICH DER KLEINE HERMANN, WANN IMMER ER KONNTE. UND IHR SCHENKTE ER OFT SEINEN APFEL FÜR DAS JESUSKIND, DEN ER VON ZU HAUSE ALS MAHLZEIT BEKOMMEN HATTE.

glänzenden Gewand und neben ihr standen zwei schöne Jünglinge. Der eine sprach nun zum andern: „Wem werden wir diese Jungfrau vermählen?" Der andere antwortete: „Keinem andern als dem hier gegenwärtigen Bruder." Der Erstere stimmte bei und ging auf Hermann Joseph zu. Dieser erschrak anfangs, aber an solche Erscheinungen schon gewöhnt, näherte er sich verwundert und mit schamrotem Gesicht. Als er bis zur Himmelskönigin gekommen war, wandte sich der andere Jüngling Hermann Joseph zu und sprach: „Für dich ist diese königliche Jungfrau bestimmt, du sollst sie zur Braut haben." Maria blickte Hermann Joseph mit freundlichen Augen an und schien diesen Worten zuzustimmen. Hermann Joseph in größter Verlegenheit wandte demütig ein: „Wer bin ich denn, dass ich mich mit einer solchen Jungfrau verbinden darf; nur daran zu denken, halte ich für die größte Vermessenheit. Ich halte es für die größte Ehre, wenn es mir nur vergönnt ist, als der niedrigste Knecht in die Dienste dieser Königin zu treten: unwürdig aber bin ich, ihr Bräutigam genannt zu werden." Noch während Hermann Joseph so redete, ergriff plötzlich der himmlische Geist seine Rechte und legte sie in die Hand der Gottesmutter und sprach ernst: „Diese Jungfrau übergebe ich dir als Braut, sie soll dein sein, wie einst dem Joseph, dem göttlichen Nährvater", und nun steckte Maria, Hermann Joseph einen Ring an den Finger und verband sich so mit ihm.

> HERMANN BEKAM DEN SPOTTNAMEN „JOSEPH" ÜBERGESTÜLPT, WEIL ER DOCH MARIA MINDESTENS SO INNIG LIEBTE WIE IHR DAMALIGER BRÄUTIGAM.

Die mystische Verlobung des Hermann Joseph mit der Muttergottes war der Gipfel der zahllosen Erlebnisse, die dieser Ordensmann hatte. Er galt als strenger Asket, demütiger

Mönch und als ein unermüdlicher Beter. Er dichtete Lieder und Hymnen, vor allem für die Muttergottes, erfand eine Art Vorläufer des Rosenkranzes und war einer der ersten Verehrer des göttlichen Herzens. „Summi regis Cor aveto" – Lass mich, Gottesherz, dir singen" beginnt das von ihm um 1200 gedichtete älteste Herz-Jesu-Lied der Welt.

Hermann Joseph starb an einem Donnerstag, dem 7. April 1236 im Zisterzienserinnenkloster Hoven bei Zülpich. Er wurde in Steinfeld begraben. 1732 wurde er in ein Hochgrab umgebettet. An seinem Grab sollen viele Wunder geschehen sein. Er wird „Apfelheiliger" genannt. 1626 wurde seine Heiligsprechung eingeleitet.

VIELLEICHT HATTEN DIE RÖMER EINFACH VIEL ZEIT ODER EINER HAT HERMANN JOSEPHS AKTE DEM ANDEREN UNTERGESCHOBEN: ERST 1988 GAB ROM DIE HEILIGSPRECHUNG DES KÖLNER MYSTIKERS IN STEINFELD BEKANNT.

Vielleicht hatten die Römer einfach viel Zeit oder einer hat Hermann Josephs Akte dem anderen untergeschoben: Erst 1988 gab Rom die Heiligsprechung des Kölner Mystikers in Steinfeld bekannt.

Möglicherweise ist der kindhafte und unmittelbare Zugang zum Heiligen, den dieser Mönch besaß, genau das, was uns einerseits so erschreckt, andererseits aber fasziniert: diese unangefochtene Gottesbeziehung, dieses schon Beheimatetsein in dem „was droben ist", wie Paulus das beschreibt. Vergessen ist Hermann Joseph nicht. Auf seinem Grab liegt meist ein Apfel. Und wer heute die Kölner Kirche St. Maria im Kapitol betritt und zur Statue der heiligen Maria geht, findet fast immer einen oder mehrere Äpfel zu Füßen dieses Standbildes. Dieses kindliche Zeichen der Verehrung, diese nicht zu verdrängende Sehnsucht nach Heil ist heute so lebendig wie im Mittelalter.

# Norbert von Xanten

## Ahnherr der Alternativen

Hätte es im Mittelalter bereits den Jetset gegeben, Norbert wäre sicher im Umfeld davon anzutreffen gewesen. Zwischen 1180 und 1185 wird er in Xanten oder Gennep an der Maas geboren. Er ist ein Sohn des Heribert von Gennep und seiner Frau Hadewig – alter niederrheinischer Adel, noble Verwandtschaft und rheinische Beziehungen; man ist angesehen und wohlbetucht.

Der heilige Norbert von Xanten,
1984 auf einer Briefmarke zu seinem 850. Todestag

Als Nachgeborener zum geistlichen Stand bestimmt, wird Norbert in das Xantener Viktorstift aufgenommen. Seine Einkünfte federn seinen weltlichen Lebensstil ab. Als Subdiakon ist er relativ unabhängig. Das bleibt so, als er in den Dienst des Kölner Erzbischofs tritt: gesteigerte Einkünfte, aber keine härteren Lebensbedingungen. Er wird auch Berater von Kaiser Heinrich V. (1106–1125). Mit ihm zieht er 1110/11 nach Rom, als der Kaiser Papst Paschalis II. (1099–1118) gefangen nimmt, um seine Kaiserkrönung zu erzwingen. Hehre Ziele schienen auch schon damals besondere Maßnahmen zu rechtfertigen. Norbert scheint damit keine Probleme gehabt zu haben. Als ihm der Kaiser 1113 zum Dank für seine Treue anbietet, Bischof vom Cambrai zu werden, lehnt Norbert dankend ab: zu viele Pflichten, zu wenig Bewegungsfreiheit, nichts für Norbert!

Das ändert sich mit einem Donnerschlag zwei Jahre später. Nicht erst im 20. Jahrhundert kann aus einem revoltierenden Steinewerfer ein Staatsmann werden. Im Mai 1115, bei einem Ritt zum Frauenstift Vreden schlug ein Blitz unmittelbar neben Norbert ein, berichtet seine Heiligenvita. Er wird zu Boden gerissen und empfindet dies als Bekehrungserlebnis. Der kirchliche Karrierist schmeißt das Ruder seines Lebens radikal um. Aus dem gestylten Stiftsherren in höherem Kirchendienst wird ein Benediktiner in härenem Gewand: Norbert tritt in das Siegburger Benediktinerkloster ein, das nach strengen Reformregeln lebt, lässt sich zum Diakon und Priester weihen. Und Norbert will auch andere an seinem Reformeifer teilhaben lassen, z.B. seine Mitbrüder im Xantener Stift. Die aber lehnen dankend ab. Norbert bleibt auf seinem radikalen Weg: Er lässt sich als Eremit in einer Einsiedelei auf dem Fürstenberg bei Xanten nieder, missioniert aber gleichzeitig im Umland. Sein alternativer Lebensstil und seine Reform- und Bußpredigten erwecken Misstrauen und Argwohn bei der kirchlichen Obrigkeit. Norbert gerät in den Verdacht der Ketzerei. Auf der am 28. Juli 1118 vom päpstlichen Kardinallegaten Kuno von Praeneste geleiteten Synode in Fritzlar muss er sich verantworten. Er kann sich unter Hinweis auf Johannes den Täufer vom Vorwurf, ein Ketzer zu sein, reinwaschen, da dieser ja auch in charismatischer Form Buß- und Reformpredigten gehalten habe. Begeisterte Zustimmung zu seinen Ideen und seiner Erscheinung gab es nicht. Norbert ist sauer, verzichtet auf seine Pfründe in Xanten, verteilt sein Vermögen an die Armen und verlässt seine Heimat in Richtung Frankreich.

In Frankreich erhält Norbert vom neuen Papst Gelasius II. (1118–1119) die Erlaubnis, als Wanderprediger zu arbeiten. Das tut er und tritt außerdem 1119 auf

NICHT ERST IM 20. JAHRHUNDERT KANN AUS EINEM REVOLTIERENDEN STEINEWERFER EIN STAATSMANN WERDEN.

dem Konzil von Reims auf. Norbert ruft zur Nachfolge Christi auf, er will wieder so leben wie die Urchristen, die vita apostolica ist sein Vorbild. Die in Strukturen erstarrte Kirche lehnt er ab und findet für seine Position viele Anhänger. Norbert ist schrecklich alternativ und kompromisslos. Die übliche Strategie, so einen wie ihn einzubinden, misslingt. Der ihm erteilte Auftrag, in Laon das Stift St. Martin zu reformieren, scheitert am Widerstand der Kanoniker.

Da kam der Bischof von Laon auf die rettende Idee. Er ermöglichte, dass Norbert ein Kloster gründen und leiten konnte. Auf die Art und Weise war seine den Bischöfen suspekte nicht rückgebundene Tätigkeit als Wanderprediger unterbunden. Zunächst sträubte sich Norbert, dann aber kam es zu einer Klostergründung in dem abgelegenen Waldtal Prémontré. Norbert wurde zu einem „Klostergründer wider Willen".

Natürlich war auch sein Kloster alternativ. Norbert ließ sich als Eigenkirchenherr die Eigentumsrechte der jeweiligen Klöster übereignen, leitete alle Klöster selbst und schuf so faktisch eine „bischofsfreie Zone". Er war Vater, Abt und Bischof zugleich; alles war auf ihn als Person zugeschnitten, existierte ohne kodifizierte Regeln. Es galt die Regel des heiligen Augustinus, aber auch eremitische Ideale. Angegliedert war ein Frauenkonvent. Es war also das, was man ein Doppelkloster nannte. Bereits 1126 bestätigte Papst Honorius II. die „Chorherren des heiligen Augustinus nach den Gebräuchen der Kirche von Prémontré", die Urform eines Ordens, der später Prämonstratenser genannt wurde.

Dieser Orden war, vor allem für junge Adlige, ausgesprochen anziehend, weshalb sich seine Klöster rasant verbreiteten. Über zweihundert gab es von ihnen bereits um die Mitte des 12. Jahrhunderts. Auch im Erzbistum Köln entstanden Prämonstratenserklöster. Wann genau das Prämonstratenserinnenkloster Langwaden durch die Herren von Wevelinghoven (bei Neuss) gestiftet wurde, verliert sich im Dunkel der Geschichte. Es scheint zunächst als Doppelkloster bestanden zu haben und wurde dann um 1145 als Frauenkloster weitergeführt. Für die Prämonstratenser entstand in Knechtsteden (heute Teil von Dormagen) ein eigenes Kloster ab 1130. Um 1106 folgt das Prämonstratenserinnenkloster Meer bei Büderich.

Während einer Romreise 1125 kommt es zur zweiten Kehrtwende im Leben Norberts. Zur Überraschung seiner Anhänger lässt sich der Charismatiker und Ordensmann zum Erzbischof von Magdeburg ernennen. Ab 1126 regiert er mit harter Hand, versucht den Zölibat durchzusetzen, reformiert und hinterfragt alte Besitzstände. Es soll zwei Anschläge auf sein Leben gegeben haben. Vor der revoltierenden Bevölkerung muss Norbert aus der Stadt fliehen und zwingt sie erst mit dem Interdikt, sich zu unterwerfen. Seine Missionsbemühungen östlich der Elbe misslangen, wie vermutet wird, wegen seines undiplomatischen Vorgehens. Aus dem charismatischen Reformer und Klostergründer war ein Fürstbischof und Höfling geworden. Gottfried von Cappenberg, der seinen Besitz dem Prämonstratenserorden geschenkt hatte und selbst eingetreten war, berichtet, dass ihn bei einem Besuch in Magdeburg der Pomp der Hofhaltung Norberts so abgestoßen habe, dass er auf der Stelle wieder abgereist sei. Rückgekehrt von einer Italienreise erlag Norbert am 6. Juni 1134 wahrscheinlich einer Malariaerkrankung. Da Norbert keine literarische Tätigkeit entwickelt hat, kann man sich nur schwer von seinen Motiven und Ideen ein klares Bild machen. Seine Heiligenviten neigen dazu, ihn zu verklären.

> AUS DEM CHARISMATISCHEN REFORMER UND KLOSTERGRÜNDER WAR EIN FÜRSTBISCHOF UND HÖFLING GEWORDEN.

Aus ungeklärten Gründen wurde Norbert nicht wie vergleichbare Kirchenleute im 12. oder 13. Jahrhundert heiliggesprochen. Erst 1582 erlaubte Papst Gregor XIII. dem Orden, Norbert am 6. Juni als Bekenner und heiligen Bischof zu feiern. 1621 wurde die weltweite Verehrung zugelassen.

Norberts Gebeine wurden während des Dreißigjährigen Krieges aus der Gruft im Magdeburger Dom – gegen den Willen der lutherischen Magdeburger – in das Prämonstratenserkloster Strahov nach Prag verbracht, wo sie sich noch heute befinden.

Ein Etablierter, der zum charismatischen Reformator und dann wieder zum etablierten Fürstbischof wurde, eine farbige Biographie eines Niederrheiners, der seinen eigenen Kopf hatte.

# HEILIGE SIEBEN-SCHLÄFER

PATRONE

DER

IMMERMÜDEN

Siebenschläfer gibt es in Köln heute vermutlich nur im Zoo und in der einen oder anderen Tierhandlung. Die Verehrung von heiligen Siebenschläfern gab es aber früher auch in Köln.

Der Siebenschläfertag, der einmal am 27. Juni gefeiert wurde, ist heute nur noch als Lostag für das Wetter einigen Menschen bekannt: „Das Wetter am Siebenschläfertag sieben Wochen bleiben mag" oder „Siebenschläfer Regen – sieben Wochen Regen" oder „Ist der Siebenschläfer nass, regnet's ohne Unterlass" oder „Regnet's am Siebenschläfertag, es sieben Wochen regnen mag" oder „Wenn die Siebenschläfer Regen kochen, dann regnet's ganze sieben Wochen".

Die holprigen bäuerlichen Wetterreime, lange im Verruf, sind längst rehabilitiert. Auch „DER SPIEGEL" (23/2000, S. 228) weiß zu berichten: „Diese Bauernregel bewahrheitet sich im kontinentalen Süddeutschland in acht von zehn Sommern; im küstennahen Norden erreicht sie immerhin noch eine Trefferquote von 67 Prozent". Und, es wäre nicht der SPIEGEL, wüsste er nicht auch warum: „Zwei unversöhnliche Kontrahenten werden Ende Juni über Deutschland aufeinander prallen. Aus dem Norden drängt polare Kaltluft vor; aus dem Süden hält tropische Warmluft dagegen. Der Verlauf der Front wird den Sommer bestimmen. Liegt sie hoch im Norden, dann beglücken später Azorenhochs die Deutschen. Befindet sie sich tiefer im Süden, schicken Islandtiefs ihre Ausläufer in hiesige Breiten." Dies haben die Bauern früher nicht gewusst, ebenso wenig wie die Begriffe Klimatologie oder Meteorologie. Aber sie haben ihre Erfahrungen gesammelt und ausgewertet und daraus Regeln gebildet, die sich als Spruchweisheit in über tausend – und nicht in bloß vierhundertsechzig Beispielen wie der SPIEGEL meint – erhalten haben.

LEGENDE UND KULT DER SIEBENSCHLÄFER WURDEN IN DEUTSCHLAND WÄHREND DER KREUZZUGS- UND BAROCKZEIT POPULÄR.

Der eigentliche Gedenktag ist aber nicht der 27. Juni, sondern ungefähr der 7. Juli, denn die Wetterregel wurde vor der Gregorianischen Kalenderreform von 1582 aufgestellt, die zehn Tage im Kalender ersatzlos gestrichen hat.

Die „Verortung" des bäuerlichen Wetterwissens erfolgte am liturgischen Kalender, der als ein absoluter Bezugspunkt über Jahrhunderte galt – Kalenderreformen hat es in der Kirchengeschichte selten so oft wie in unserem Jahrhundert gegeben (1955 und 1969). Heute findet man das Fest „Siebenschläfer" in keinem Kalender mehr. Und mancher wird deshalb vermuten, der Name des Tages leite sich von dem gleichnamigen Nagetier mit hohem (Winter-) Schlafbedürfnis ab. Das aber ist falsch.

Lange sind die Siebenschläfer als Heilige verehrt worden. Sie sind durch eine Legende in Erscheinung getreten, die Gregor von Tours (538–594) erstmals ins Lateinische übersetzt hat. Danach hatten sich in Ephesus sieben junge Christen – in griechischer Tradition Achillides, Diomedes, Eugenios, Kyriakos, Probatos, Sabbatios und Stephanos, in lateinischer Tradition Constantinus, Dionysius, Johannes, Malchus, Martinianus, Maximianus und Serapion – im Jahr 251 bei einer Verfolgung unter Kaiser Decius (249–251) in einer Berghöhle in Sicherheit gebracht. Dort wurden sie von ihren Häschern entdeckt, eingemauert und schliefen 195 Jahre. Am 27. Juni 446 wurden sie zufällig entdeckt, wachten auf, um den Glauben an die Auferstehung der Toten zu bezeugen, und starben wenig später. Die Legende, schon im 5. Jahrhundert literarisch fassbar, existiert in der Ostkirche in mehreren syrischen und griechischen Varianten und wurde zudem in andere orientalische Sprachen übersetzt. Sie fand neben anderen Legenden – mit Veränderungen – auch Eingang in den Koran (18. Sure). Johann Wolfgang von Goethe setzte ihnen in seinem West-östlichen Divan mit einem Gedicht ein literarisches Denkmal.

**Lange sind die Siebenschläfer als Heilige verehrt worden.**

Legende und Kult der Siebenschläfer wurden in Deutschland während der Kreuzzugs- und Barockzeit populär. Bis in das 18. Jahrhundert hat es im Bistum Passau in Eichendorf, Pildenau und Rotthof Wallfahrten zu den heiligen Siebenschläfern gegeben. In Rotthof, an der Straße von Passau nach Eggenhofen gelegen, hat der berühmte Rokoko-Stukkateur Johann Baptist Modler aus Kößlarn 1758 die Berghöhle mit den Siebenschläfern nachgebaut. Von den Gläubigen wurden die Siebenschläfer als Patrone gegen Schlaflosigkeit (!) und Fieber angerufen.

Ein aufgeklärter Mensch mag heute lächeln, wenn er eine solche Legende hört und die Schlussfolgerung vernimmt, die unsere Vorfahren daraus zogen: Siebenschläfer als Patrone gegen Schlaflosigkeit! Und die Kirche hat zu Recht die Verehrung der heiligen Siebenschläfer, die bloß legendarisch überliefert sind, im Generalkalender gestrichen. Nicht gestrichen ist aber die „Wahrheit der Legende": Selbst wenn das Böse über die Guten zu siegen scheint, führt Gott die Guten zum Sieg – aber auf seine Weise. Sieben Verfolgte überleben schlafend, bezeugen Gottes Größe und gehen dann in die ewige Seligkeit ein. Gott hat nicht nur die Regeln der Natur gemacht, er kann sie auch außer Kraft setzen, wenn und wann und wo er will. Das haben nicht nur unsere Vorfahren geglaubt, das glauben auch Christen heute. Mag die Legende der Siebenschläfer heute eher vergessen sein, mag man sich auch der Siebenschläfer selbst nicht mehr erinnern: Die Wetterregeln halten den Namen wach und wecken bei dem einen oder anderen die Neugier nachzuforschen.

> VON DEN GLÄUBIGEN WURDEN DIE SIEBENSCHLÄFER ALS PATRONE GEGEN SCHLAFLOSIGKEIT (!) UND FIEBER ANGERUFEN.

Die heilige Kümmernis in einer Darstellung der Künstler Pierre et Gille, „Sainte Affligée", Kolorierte Fotografie

# Die Heilige Kümmernis

ODER:

VON EINER

VERFLOSSENEN

HEILIGEN

Als der Drachenfels noch nicht als der höchste und meistbesuchte Berg der Niederlande galt, ja, als es die Niederlande noch gar nicht gab und alle künftigen Niederländer noch brave Katholiken waren, da führten ihre Wallfahrten eben nicht zum Drachenfels, sondern nach Jerusalem, Rom, Santiago oder anderen Heiligtümern. In eben dieser Zeit, es mag das 13./14. Jahrhundert gewesen sein, zogen einige von ihnen nach Rom. Und wie es so kommt, ehe Coca Cola die Idee vom regelmäßigen Päuschen bekannt gemacht hatte, kannten diese Vor-Niederländer diese Idee schon. Im italienischen Lucca jedenfalls haben sie dem Motto „Mach mal Pause" gefrönt. Zwar kannte man den Begriff „Sightseeing" nicht, aber wenn man schon einmal da ist, kann man sich auch umgucken, mögen sich diese Friesen gedacht haben.

Und so kamen sie auch in den Dom zu Lucca und standen plötzlich bass erstaunt vor dem Altarkreuz. Was war denn das? Vor dem Kreuz, dem Volto Santo, stand jemand, angezogen wie eine Frau mit einem Rock, aber durch seinen Bart klar erkennbar als Mann. Das war doch unmöglich oder doch? Das war sicher eine Frau, die sich als Mann getarnt hatte! Na klar, war man bald zusammen einer Meinung: Diese Frau hat sich hässlich gemacht. Das ist eine Frau mit Bart.

Der lange Weg nach Rom und wieder zurück ins flache und windige Land der Friesen ließ genug Zeit, die Erkenntnisse von Lucca in Form einer Legende auszuspinnen. Diese Frau am Kreuz trug doch eine Krone, also war sie königlichen Blutes. Dann konnte es doch nur so gewesen sein: In einem von Heiden beherrschten Land war die Tochter des Königs aus Überzeugung Christin geworden. Als sie nun heiraten sollte, natürlich einen heidnischen Königssohn aus einem benachbarten Land, weigerte sie sich, weil sie keinen Heiden ehelichen wollte. Nichts konnte sie umstimmen, so dass ihr Vater schließlich sein Urteil über sie sprach. Sie sollte so sterben wie ihr Vorbild – am Kreuz. Vor der Stadt wurde ein Kreuz aufgebaut und die Königstochter daran gebunden. Dort sollte sie hängen bis zu ihrem Tod.

Geringe Zeit später verknüpfte sich mit dieser Legende eine vagabundierende Legende, also eine unselbstständige Erzählung, die sich an andere anhängt – die Legende vom Spielmann. Dieser, natürlich ein bitterarmer, aber herzensguter und fröhlicher Mann, zog seines Weges, der ihn unmittelbar aber unbeabsichtigt zum Kreuz der Königstochter führte. Der Spielmann erkannte, vom Kreuz helfen konnte er der Frau nicht. Aber was soll es, dachte er sich, vielleicht kann ich ihr durch mein Spiel noch ein wenig Freude bereiten, die letzte Freude an einem bitteren Ende. Er spielte seine Fiedel und sie erklang so freudig und ergriffen wie lange nicht. Die Königstochter wollte sich für die Freundlichkeit des Spielmanns erkenntlich zeigen, so wie es sich für eine Frau königlichen Geblütes gehört – was allerdings für jemand, der an einem Kreuz hängt und über nahezu nichts mehr verfügen kann, ziemlich schwer ist. Aber sie konnte ihren rechten Fuß noch bewegen und warf dem Spielmann ihren goldenen Pantoffel zu. Der Spielmann war nicht wenig erfreut, garantierte doch so ein goldener Pantoffel wenigstens ein Abendessen und zusätzlich eine Übernachtung im nächsten Ort. Dankbar machte sich der Spielmann auf den Weg. Als er angekommen war und dem Wirt klar machen wollte, wie er sich die Bezahlung vorstellte, kam diesem die Schuh-Währung eigenartig vor. Messerscharf schlossen die herbeigerufenen Behörden auf Beraubung eines Delinquenten und Zechprellerei. Das Urteil war kurz und schmerzhaft: Hinrichtung. Der Spielmann bat nur noch um die Gnade, auf seinem Weg zum Hinrichtungsort am Kreuz der Königstochter vorbeigehen zu dürfen, um ihr ein letztes Ständchen zu spielen. Seine Richter wollten nicht unmenschlich sein und stimmten zu. Vor dem Kreuz angekommen, spielte der Spielmann und, oh Wunder, die Verstorbene erwachte wieder zum Leben, zumindest so weit, dass sie dem Spielmann ihren zweiten Pantoffel zuwerfen konnte. Damit stand für die Richter fest: Dann konnte der erste Pantoffel nicht gestohlen sein. Und so entging der Spielmann seinem üblen Schicksal und zog frohen Mutes und unbehelligt seines Weges.

> ALS SIE NUN HEIRATEN SOLLTE, WEIGERTE SIE SICH, WEIL SIE KEINEN HEIDEN EHELICHEN WOLLTE.

Blieb eine Frage: Wie hieß denn nun die gekreuzigte adlige Dame? Heilige Kümmernis wurde sie meistens genannt, dürfte aber auch die Heilige mit den meisten Alias-Namen sein, denn auch Caritas, Eutropia, Hülpe, Liberata, Liberatrix, Ontcomera, Ontkommer, Sankt Gwer oder Wilgefortis (von lat. virgo fortis) wurde sie bezeichnet und in frankophonen Bereichen zusätzlich Saint Affligée. Sie wurde zu einer „mythologischen Volksheiligen fraulicher Sorge und Abwehr." Obwohl nie selig oder gar heiliggesprochen, wurde ihre Legende Bestandteil des hoch offiziellen Martyrologium Romanum. Die erste „Frauenheilige" verweist als „Kümmernis" nicht nur wortspielerisch auf ihre besondere Hilfe für Frauen in Not. Bis in unsere Tage kommt sie in den Redensarten „Aussehen wie die heilige Kümmernis" oder „sein wie die heilige Kümmernis", also jedem helfen wollen, vor.

Die kultische Verehrung der heiligen Kümmernis (als heilige Wilgefortis mit Fest am 20. Juli in den Kalender aufgenommen) kann um 1400 erstmals nachgewiesen werden, verbreitete sich im Barock, wurde im 18. Jahrhundert eingeschränkt und erlosch faktisch im 20. Jahrhundert. Für die Zeit um 1350 bis 1848 sind etwa tausend literarische und ikonographische Zeugnisse vom Niederrhein bis nach Böhmen, von der Nord- und Ostsee bis nach Tirol und die Schweiz belegt. Auch in Frankreich und England kommt der Kult der Kümmernis vor und gelangte so auch nach Süd- und Nordamerika. Heute ist die Legende von der heiligen Kümmernis noch in Schlesien, Bayern und Österreich verbreitet.

Aber ganz tot ist sie noch immer nicht: Als Motiv taucht sie auf internationalen Kunstausstellungen auf oder ist zu hören: Als Song von Rebecca Clamp, einer in Finnland lebenden britischen Sängerin, mit Video-Clip auf YouTube im Internet.

Und was hat die heilige Kümmernis mit Köln zu tun? Natürlich wurde sie auch im Heiligen Köln verehrt, die vielna-

ODER: VON EINER VERFLOSSENEN HEILIGEN

# DIE HEILIGE KÜMMERNIS

*An einem breiten Wege*
*Stand eine Statue;*
*Das Volk ging dran vorüber*
*Im Sommer und im Schnee.*

*Es hing ein schönes Mädchen*
*An steilem Kreuze da,*
*Sie ließ die Stirne sinken,*
*Misericordia.*

*Und blickt unendlich traurig;*
*Es lag der Erde Leid*
*Auf ihrem Antlitz nieder,*
*Da lag es ohne Neid.*

*Sie trägt die Fürstenkrone,*
*Ein prächtiges Gewand;*
*Mit Steinen und mit Ringen*
*Ist ihr geschmückt die Hand.*

*Zu ihren Füßen stellt sich*
*Ein junger Fant und kniet,*
*Und spielt auf seiner Geige*
*Ein letztes Abschiedslied.*

*Sie warf ihm hin zum Danke*
*Den einen goldnen Schuh;*
*Dann stockt ihr Leben wieder,*
*Sie schloß die Augen zu.*

*Das Volk geht dran vorüber,*
*Empfindet Ruck und Riß,*
*Und spricht halblaut und zitternd:*
*Die heilige Kümmernis.*

QUELLE: DETLEV VON LILIENCRON:
GUTE NACHT. BERLIN 1909, 113-115.

mige Kreation friesischer Vorstellungswelten. Aber die Kölner haben sich rechtzeitig von der Heiligen verabschiedet, als die Aufklärung die Heiligen- und die Reliquienverehrung hinterfragte und als die fehlenden Beweise für die Existenz einiger Heiligen diese aus der kirchlichen Buchführung katapultierte. In Köln jedenfalls scheint die Heilige verschwunden zu sein, ohne Spuren zu hinterlassen.

Aber Kölner sind schlau. Sie haben die heilige Kümmernis einfach ins Exil geschickt – oder hat sie in Düsseldorf nur Asyl gesucht? Vor einigen Jahren wurde bei Renovierungsarbeiten in der Düsseldorfer Stadtpfarrkirche St. Lambertus ein großes Fresko der heiligen Kümmernis freigelegt, entstanden um 1450/1470 und – man lese und staune – von allerfeinster Qualität, nämlich immerhin gemalt von der Lochner-Schule, die bekanntlich in Köln residierte. Für alle Fälle: Das volksheilige Mädchen ist also gar nicht so weit weg von Köln noch zuhause. Man kann ja nie wissen, ob man sie noch einmal braucht. Und für eine Bittfahrt würde selbst ein Kölner nach Düsseldorf pilgern! Vielleicht schweren Herzens, aber immerhin doch!

Ein Jakobuspilger, Plastik in Kevelaer, gestaltet von Bert Gerresheim

# DER WEG ZUM WAHREN JAKOB FÜHRT ÜBER KÖLN

Spanische Legenden berichten, nach der Himmelfahrt Jesu habe Jakobus auf der Iberischen Halbinsel missioniert. Jünger habe er mit der Prophezeiung geworben, er werde nach seinem Tod Unzählige bekehren. Als er nur wenig Erfolg hatte, sei ihm in der Nähe von Saragossa auf einer Säule die Gottesmutter erschienen und habe ihm ihre Unterstützung zugesichert.

Eine andere Legende erzählt, nach seinem Tod sei sein Leichnam in ein Boot ohne Besatzung gelegt worden. Dieses Boot sei später in Galicien angelandet. Helfer begruben den Leichnam ein Stück weiter im Landesinneren. Das Grab sei in Vergessenheit geraten und im 9. Jahrhundert wiederentdeckt worden. Nach der Wiederentdeckung des Grabes im 9. Jahrhundert wurde über dem Grab eine Kapelle gebaut, später eine

Kirche und schließlich die heutige Kathedrale, um die herum sich der Ort Santiago de Compostela (= Sankt Jakob auf dem Sternenfeld) entwickelte.

Beginnend mit dem Ende des 9. Jahrhunderts wurde Jakobus zum Nationalheiligen, dem immer öfter militärische Funktion zugeschrieben wurde. Sein Eingreifen soll die Siege König Alfons III. von Asturien (866–910) gegen die Mauren und christliche Feinde bewirkt haben. 1064 soll der „Soldat Christi" die Eroberung der Stadt Coimbra durch König Ferdinand I. von Kastilien und León möglich gemacht haben. Im 12. Jahrhundert entstand die Legende, Jakobus habe schon 844 die Schlacht von Clavijo gegen die Mauren durch sein Eingreifen, als Ritter auf einem Schimmel sitzend, entschieden. Für Jakobus prägte sich der Beiname „Metamoros" (= Maurentöter) ein. Als Schlachtruf der Spanier entstand: „Santiago y cierra, España!" (= Sankt Jakob und greif an, Spanien!).

Der Aufenthalt des Apostels Jakobus in Spanien wurde schon im Mittelalter bestritten – allerdings nicht aus historischen Gründen, sondern um Macht und Einfluss zu begründen.

Bei der Revision des Breviarium Romanum im 16. und 17. Jahrhundert scheiterten die Kritiker am spanischen Einfluss, so dass bis in das 20. Jahrhundert die Apostelmission in Spanien gelehrt wurde.

Schon Martin Luther hatte argwöhnisch angemerkt: Man wisse nicht, „ob sant Jacob oder ain todter hund" in Santiago begraben sei. Und deshalb lautete seine Empfehlung an die evangelischen Christen: „Laß raisen wer da will, bleib du dahaim".

> SCHON MARTIN LUTHER HATTE ARGWÖHNISCH ANGEMERKT: MAN WISSE NICHT, „OB SANT JACOB ODER AIN TODTER HUND" IN SANTIAGO BEGRABEN SEI.

Die moderne Quellenkritik ab dem 19. Jahrhundert hält einen Aufenthalt des heiligen Jakobus vor und nach seinem Tod in Spanien für unbewiesen. Verschiedene Versuche, für die körperliche Präsenz des heiligen Apostels nicht widerlegbare historische Beweise vorzulegen, haben bis heute nicht überzeugen können. Auf seiner Website hält das Erzbistum Santiago an der Echtheit der Jakobusreliquien fest.

Vor dem Jahr 1000 sind die ersten Pilgerreisen nach Santiago nachweisbar. Im 11. Jahrhundert wird der Ort zum größten abendländischen Pilgerzentrum. Im 15. Jahrhundert zieht Santiago mehr Menschen an als Rom oder Jerusalem. Unter der Bedrohung durch England werden 1588 die Reliquien in Sicherheit gebracht – und vergessen. Erst 1879 werden sie wieder aufgefunden.

Danach wurde die Wallfahrt wieder aufgenommen. Bei etwa zehn Millionen Touristen, die derzeit jährlich Santiago besuchen, sind etwa hundertzwanzigtausend echte Pilger, d.h. sie haben wenigstens die letzten hundert Kilometer des „camino" zu Fuß oder zweihundert Kilometer mit dem Fahrrad hinter sich gebracht.

Früher erhielten die Pilger zum Zeichen der erfolgreich absolvierten Wallfahrt eine Pilgermuschel, die Jakobsmuschel, überreicht, um zu Hause die Wallfahrt beweisen zu können. Heute erfolgt die Bestätigung durch Stempel und Urkunde.

Durch Bildschirmprominenz wurde die Wallfahrt nach Santiago so populär, dass sich die Pilger inzwischen mit einer wachsenden Zahl von Touristen mischen, die wie Pilger, aber nicht als Pilger, mit Pilgern gemeinsam unterwegs sind. Ihr Ziel ist weniger spiritueller Natur, sondern Sport, Fitness und Spaß – nicht selten scheinen auch schnelle Bekanntschaften interessant zu sein.

Dennoch schafft es der heilige Jakob, Menschen aus aller Welt auf den Weg zu bringen. Ob seine Gebeine im Grab in Santiago oder im Kloster auf dem Berg Sinai ruhen, scheint für die Pilger nicht wichtig zu sein. Der Tradition des Betens mit vielen Füßen hat dies kein Abbruch zufügen können.

Köln ist für viele Jakobspilger eine Anlaufstelle gewesen, nicht nur, um den Heiligen Drei Königen, den Patronen aller Pilger, einen Besuch abzustatten. Von Köln aus führten zwei alternative Wege nach Santiago. Man konnte über Brüssel oder Trier nach Paris, Orléans, Poitiers und Bordeaux über die Pyrenäen weiter nach Santiago ziehen oder aber von Köln nach Mainz, Speyer, Straßburg, Basel, Einsiedeln und dann über Bern nach Frankreich weiter zu den Pyrenäen pilgern.

Der Kult des Apostel Jakobus der Ältere, des „großen Jakob" oder Jacobus major, der seinen Gedenktag am 25. Juli begeht, verbreitete sich durch sein Patronat über Kirchen, Klöster – die Jakobiner der Französischen Revolution haben ihren Namen durch ihren Tagungsort, das aufgelöste Jakobskloster der Dominikaner in Paris – und Kapellen. Orden nahmen den Namen Jakobs an. Jakobsbruderschaften bildeten sich, und nach ihrem Untergang gibt es wieder neu begründete. Das vergleichsweise häufige Vorkommen von Jakobskirchen brachte auch die entsprechende Zahl von Kirchweihfesten mit sich, so dass die Jakobikirmes zum bekannten Termin im Jahresablauf wurde.

Der Gedenktag des heiligen Jakob war Erntebeginn. Die ersten Kartoffeln hießen darum „Jakobskartoffeln" oder Jakobskrumbiere (von Erdkrume, also „Jakobserdäpfel"; „Ädäppel" heißen die Kartoffeln auch im Niederdeutschen). In der Schweiz begann die Ernte mit der Jakobsfeier, bei der sich die Mägde und Knechte erst einmal die Jakobsstärke antranken, damit sie beim Mähen nicht „in den Halmen stecken blieben". Im Rheinland wird der Kellner in den Bierschwemmen „Köbes" gerufen. So wie die Wirte der Hospitäler am Pilgerweg nach Santiago Jakobswirte waren, hat sich vielleicht der Name Jakob als Bezeichnung für Bedienstete gebildet wie im Englischen der Einheitsname „James" für einen Butler.

Mit großer Wahrscheinlichkeit hat auch die Redewendung „Das ist der wahre Jakob" im Sinne von: Das ist der richtige Mann, das einzig Richtige, Gesuchte, das rechte Mittel, einen Bezug zum Apostel Jakobus. Diese Aussage verwies auf das Grab des heiligen Jakob in Santiago de Compostela, das gegen andere Grabstätten gleichnamiger Heiliger verteidigt wurde, zu denen „Jakobspilger" zogen, denen der Weg nach Spanien zu beschwerlich war. So behauptete 1395 die Kirche in Monte Grigiano in Italien im Besitz der Jakobs-Reliquien zu sein. Die ironische Umkehrung: „Du bist mir der wahre Jakob!" ist erst seit dem 18. Jahrhundert belegt. Die ironische Bezeichnung eines Jahrmarktschreiers als „wahrer (oder billiger) Jakob" hat damit zu tun, dass Jahrmarktverkäufer ihre Ware als einzig und unvergleichlich in Qualität und Preis darzustellen wissen. Somit meint auch die Redewendung, „den billigen Jakob abgeben", etwas nach den Methoden des Jahrmarktschreiers anbieten.

FRÜHER ERHIELTEN DIE PILGER ZUM ZEICHEN DER ERFOLGREICH ABSOLVIERTEN WALLFAHRT EINE PILGERMUSCHEL, DIE JAKOBSMUSCHEL, ÜBERREICHT, UM ZU HAUSE DIE WALLFAHRT BEWEISEN ZU KÖNNEN

Es mag ja sein, dass der eine oder andere im Köbes seiner Bierkneipe nach dem zehnten Glas Kölsch den wahren Jakob zu erkennen glaubt, aber das hat nun wieder nichts mit Religion zu tun.

Der heilige Famian auf einem Gemälde von Peter Hecker,
in der Kapelle des Anno-Saals in Köln

# Der Heilige Famian

### Ein ganz geheimer Kölner Emigrant

Man muss sich in Köln schon wirklich gut auskennen, um Hinweise auf ihn zu finden. Man hat den Eindruck, die Kölner haben ihn gar nicht erst vergessen können, weil sie ihn nie richtig gekannt haben. In der Kirche St. Severin befindet sich eine dem heiligen Famian geweihte Kapelle.

Famian? Klingt nicht sehr nach Köln. In Wirklichkeit hieß der Mann auch Gerhard, was damals eben Quardo lautete. Der Familienname ist nicht bekannt; viele hatten um 1100 noch keine endgültigen Familiennamen. Quardo wurde um 1090 in Köln geboren, wahrscheinlich sogar in besseren Verhältnissen. Denn er nahm den Rat Jesu an, den dieser gegeben hatte, als er gefragt wurde: Was muss ich Gutes tun, um das Himmelreich zu erlangen? Er verkaufte seinen Besitz und gab das Geld den Armen (Mt 19, 16–30). Richtig, ein Aussteiger, ein Extremist, ein Fundamentaler, der Jesu Wort buchstabengetreu ernst nahm. Quardo verschenkte seinen Besitz, pilgerte ab 1112 als etwa Zwanzigjähriger durch Italien und Spanien und lebte in Spanien fünfundzwanzig Jahre in der Nähe von San Placido – natürlich nicht San Placebo! – als Einsiedler. Um 1144 trat er in die nordspanische Zisterzienserabtei Osera ein. Hier wurde aus Quardo dann Famian, denn die Übernahme eines neuen Namens, dem Ordensnamen, bezeichnete den neuen Menschen, der nun als Ordensmann einen besonderen Weg ging. Die Zisterzienser, im Grund genommen waren sie die radikalen Benediktiner, wurden erst 1098 in Frankreich gegründet. Ihre Gemeinschaft vervielfältigte sich geradezu explosionsartig. Das „ora et labora" – Bete und arbeite! – nahmen sie ernst, körperliche Arbeit für jeden war der Normalfall, Abgeschiedenheit die Regel. In Spanien wurden die etwa vierzig bis um 1200 entstandenen Zisterzienserklöster Teil der Reconquista, der Rückeroberung Spaniens aus den Händen der „Mauren", wie man die Araber damals nannte.

Als Zisterziensermönch unternahm Famian eine Pilgerreise in das Heilige Land. Sein Rückweg führte ihn durch Italien. In Gallese Viterbo, einem kleinen befestigten Städtchen auf einem Berg, etwa sechzig Kilometer nördlich von Rom und einige Kilometer abseits vom Tiber gelegen, strandete Famian krankheitshalber. Wann er in Gallese ankam und wie lange er dort gelebt hat, verliert sich im Dunkel der Geschichte. Am 8. August 1150 starb Famian in Gallese. Vor seinem Tod hat er eine Quelle gefunden, die für die Weidetiere überlebenswichtig war. Über sie wurde eine kleine Kapelle gebaut, die noch heute zu besichtigen ist. Ringsumher, je nach Jahreszeit, ein Blütenmeer von wilden Alpenveilchen.

Bereits vier Jahre nach seinem Tod, 1154, wurde Famian heiliggesprochen. Damit ist er der erste Zisterzienser, der überhaupt heiliggesprochen wurde. Für den Verstorbenen wurde eine eigene Grabkirche gebaut, San Famiano. Diese „Chiesa di San Famiano" befindet sich an der Straße, die um den Berg führt, auf dem Gallese Viterbo thront. Sein – als „unversehrt" bezeichneter – Leib ruht dort in einem einsehbaren Grab. Wegen der vielen Wunder, die sich an seinem Grab ereignet haben, wurde aus Famian auch „Famianus" und „Famian, der Weltberühmte."

Ein Aussteiger, ein Alternativer, ein frommer Mönch und ein in seiner Heimat unbekannter Wundertäter ...

Ein Aussteiger, ein Alternativer, ein frommer Mönch und ein in seiner Heimat unbekannter Wundertäter – das ist eine Mischung, aus der man im Rheinland sonst die Zeit überstrahlende Heilige backt. Der heilige Famian war aber wohl so bescheiden, dass er nicht einmal nach seinem Tod und seiner Karriere als Heiliger nennenswerte Spuren in Köln und im Rheinland hinterlassen hat. Er findet sich aber auf einem Wandgemälde in der Zisterze Ebrach im Steigerwald, einem Kloster, das zurzeit von Famians Tod gerade entstanden war. Auf den wenigen Stichen oder Gebetbuchbildchen, die den heiligen Famian darstellen, wird er als Pilger gezeigt oder wie er mit einem Stab in der Hand eine Quelle aus dem Boden schlägt oder während einer Vision mit den Aposteln Petrus und Paulus.

Vielleicht ist der Hinweis so interessant, dass die nächste Pilgerreise einmal nach Gallese führt. Wer weniger fromm reist, kommt auch manchmal nach Italien. Und wer des Rummels in Rom überdrüssig wird, kann seine Schritte oder die Fahrt eines Mietwagens gen Gallese lenken. Die geradezu schreiende Ruhe dort ist sogar zur Stadtarchitektur geronnen. Man muss zu Fuß durch die Stadt gehen, Autos, die breiter als ein Fiat 500 sind, kommen kaum durch.

Der heilige Laurentius
erleidet das Martyrium auf dem glühenden Rost

# Heiliger Laurentius

Vorbild

der

Hobby-Griller

Das Rheinland ist auch Weinland. Wer den Wetterspruch „Kommt St. Lorenz mit heißem Hauch, füllt er dem Winzer Fass und Bauch" entwickelt hat, hat nicht nur eine wahrscheinliche Wetterwirkung beschrieben. Der „heiße Hauch" und St. Laurentius haben noch eine ganz andere Beziehung.

Laurentius war einer der sieben Diakone der christlichen Gemeinde in Rom. 257 erließ Kaiser Valerian ein Edikt, das die Feier des christlichen Kultes und die Versammlungen der Christen in den Katakomben unter Androhung der Todesstrafe verbot. Im folgenden Jahr wurde das Edikt verschärft: Bei einem Verstoß waren alle christlichen Amtsträger (Papst, Bischöfe, Priester und Diakone) bei ihrer Ergreifung sofort hinzurichten. Es ist überliefert, dass Papst Sixtus II. (257–6. August 258) gemeinsam mit einigen Diakonen beim Gottesdienst in der Calixtus-Katakombe überrascht wurde. Mit dem Papst starben vier der Diakone. Die spätere Laurentius-Legende berichtet, Laurentius habe sich vor dem Tod des Papstes bei diesem darüber beklagt, dass er nicht mit ihm sterben dürfe, um in den Himmel zu gelangen. Sixtus tröstete Laurentius mit der Aussage, er werde ihm in drei Tagen nachfolgen.

Nach dem Tod des Papstes erhob Kaiser Valerian Anspruch auf den Kirchenschatz. Laurentius suchte man durch Folter zur Herausgabe zu zwingen. Er wurde gegeißelt. Aber Laurentius erbat sich drei Tage Bedenkzeit. Und listig nutzte er diese Tage, um den Kirchenschatz an die Armen und Schwachen Roms zu verteilen. Und der Gipfel: Er präsentierte dann dem Kaiser diese Armen mit den Worten: „Dies sind die wahren Schätze der Kirche."

> „Dies sind die wahren Schätze der Kirche."

Die Legende weiß: Kaiser Valerian war nun richtig sauer. Er ließ Laurentius mit Bleiklötzen schlagen, zwischen glühende Platten legen, versuchte ihn – ohne Erfolg – zum heidnischen Opferdienst zu zwingen und befahl schließlich, den Diakon über konstant brennendem Feuer auf einem Rost langsam zu Tode zu grillen.

Im 4. Jahrhundert feiern die Christen schon über seinem Grab an der Via Tiburtina Gottesdienst. Ebenfalls im 4. Jahrhundert wird berichtet, er sei durch Geißelhiebe, Henkersknechte, Flammen, Folter und Gefängnis umgekommen. Ambrosius deutete die ihm vorliegende Legende als Tod auf dem Feuerrost. Noch in seinen Qualen habe der Diakon die Kraft zu scherzenden Worten aufgebracht. Er soll seinen Henker aufgefordert haben, ihn auf seinem Rost zu wenden, weil der Braten schon auf der einen Seite gar gebraten sei. Das Martyrium habe den Kerkermeister Hippolytus so beeindruckt, dass er sich zum Christentum bekannt und den toten Laurentius begraben habe. Das 6. Jahrhundert kennt seinen Todestag, den 10. August 258. Die römische Gemeinde verehrte Laurentius fast wie die Apostelfürsten Petrus und Paulus. Die römische Laurentiuskirche, eine ursprünglich von Kaiser Konstantin errichtete Basilika, wurde eine der sieben Hauptkirchen Roms und Vorbild zahlreicher Kirchen unter diesem Patronat. Auch im Erzbistum Köln gab es bis zur Zusammenlegung von Gemeinden rund zwanzig Kirchen unter diesem Patrozinium. Die Kölner haben dem Heiligen ein besonderes Denkmal gesetzt: Eine Straßenbezeichnung als „Laurenzgittergässchen".

Nach dem Sieg über die Ungarn auf dem Lechfeld (10.8.955) intensivierte sich die Verehrung und Verbreitung des Heiligen im deutschsprachigen Raum. Das Laurentiusfest hatte schon früh eine Vigil (4. Jahrhundert) und eine Oktav (seit 600). Beide entfielen erst durch die Neuordnung von 1969. Philipp II. von Spanien legte den Palast Escorial in Form eines Rostes an und gedachte damit seines Sieges über die Franzosen (10.8.1557). Der Rost wurde zu seinem Erkennungszeichen. Er findet sich auch mit dem Heiligen im sogenannten Passionsfenster des Kölner Doms, gestiftet vom damaligen Domdechant Philipp von Daun, der von 1508 bis 1515 als Erzbischof amtierte.

> DIE KÖLNER HABEN DEM HEILIGEN EIN BESONDERES DENKMAL GESETZT: EINE STRASSENBEZEICHNUNG ALS „LAURENZGITTERGÄSSCHEN".

Die Marter auf dem glühenden Rost war natürlich der Ausgangspunkt für die Anrufung des Laurentius gegen Brandgefahr (Laurentiussegen), ja, man flehte ihn an gegen die Qualen des Fegefeuers. Schon Luther erwähnt ihn als zuständig für die Abwehr von Feuersgefahr. Deshalb wird er erwähnt in Feuersegen und Beschwörungen beim Ausbruch einer Feuersbrunst. Laurentius wurde auch zuständig für die Berufe, die mit Feuer hantieren: Köhler, Köche, Pastetenbäcker, Bierbrauer, Schankwirte, Plätterinnen, Wäscherinnen und Glasbläser.

Luther weiß, dass man „ihm" fastete, auf dass „er das huß von dem füer behüt. Darzu laßt man uff syn fest nit ein füncklin füers in das huß kummen, sonder in einem andern [!] huß kocht man mit dem füer. Und also förchten sy und eren das füer mer dann sant Lorentz. Oder han villicht das daruff, diewil er im füer gebraten ist, so haßt er es, und darumb so er es sicht [sieht] an sinem fest, möcht er gedencken der marter, die im darvon geschehen ist, und also sich rechnen an denen die es by inen [sich] behalten an sinem tag. Wann das ware wer, so solt kein christen mensch ymmer ein füer anzünden."

Das zum heiligen Laurentius in so enger Beziehung stehende Feuer gerät in Verbindung mit der Anrufung des Heiligen zu einem sympathetischen Zaubermittel. Nach „der alten weiber philosophey, getruckt zu Franckfort am Mayen 1537" sollte der, „welcher die beyn [Knochen] so das fleysch ab ist, ins fewer wirffet, oder lesst werffen, inn Sanct Laurentz ehren, der soll nimmermehr das zangeschwer [Zahngeschwür] haben". Also sollte durch das Verbrennen stellvertretender Knochen hier eine prophylaktisch-lustrative Kraft bewirkt werden. Ein anderes volkstümliche Mittel war, „drei almosen zur ehre von sankt Laurenz zu sammeln, die zahnschmerzen los zu werden."

Nicht genug damit, die Feuerkohlen unter dem Rost des gebratenen Heiligen feuerten die Phantasie der Menschen an. Kohlen des Laurentiusrostes, sogenannte Laurentiuskohlen, ließen sich beim Mittagsläuten am Laurentiustag finden – auf dem Acker, der Wiese, im Garten, an einem ausgerissenen Grasbüschel hängend. Unsere Vorfahren waren sich sicher: Solche Laurentiuskohlen geben „mehr Wärme als gewöhnliche" und zeigen sich, „geweiht, wie sie sein sollen," als zauberisch wirksam. Deshalb soll man sie aufbewahren. Sie sichern z.B.

gegen Feuersbrunst, wehren Gewitter ab, bewahren, eingenommen (!), vor Krankheiten und können zu diesem Zweck auch dem Vieh eingegeben werden, das durch sie gegen Verhexung gefeit wird. Glühend gemacht und in einer Pfanne vor die Haustüre gestellt, bewirken sie, dass eine etwa im Hause befindliche Hexe sich die Füße verbrennt.

Der Volksmund weiß, „Sankt Lorenz kommt in finstrer Nacht / ganz sicher mit Sternschnuppenpracht." Gemeint sind die „Laurentiustränen", ein jedes Jahr um den 12. August herum auftretender Meteorstrom, der die Zahl der Sternschnuppen zunehmen lässt. Der Legende nach soll Laurentius kurz vor seinem Tod dem römischen Kaiser Valerian gesagt haben: „Du armer Mensch, mir ist dieses Feuer eine Kühle, dir aber bringt es ewige Pein."

„DU ARMER MENSCH, MIR IST DIESES FEUER EINE KÜHLE, DIR ABER BRINGT ES EWIGE PEIN."

Bei all der Begeisterung für solch einen feurigen Heiligen ist klar, dass sich sein Name in zahllosen Varianten verbreitet hat: Laurentius kommt im Deutschen vor als Lorenz, Laurenz oder Laurent, als Lafrenz, Larenz, Lorentz, Lauridsen, Lauritz, als Rentz, Lentze und in weiblicher Form als Laura und Renzi. In das Deutsche eingedrungen sind die dänischen Namen Lars und Lasse. Bekannt aus dem Italienischen sind viele Lorenzos ebenso wie der englische Arabienabenteurer Sir Lawrence.

So wie Isidor von Sevilla zum IT-Patron werden könnte, ließe sich Laurentius zum Patron der deutschen Männer machen, der Männer, die weltweit immer wieder die größte Lust am Feuermachen haben, wenn oberhalb von Feuer und Rost Würstchen oder Steaks zu liegen kommen. Der heilige Laurentius als Patron aller Würstchengriller, das wäre eine populäre Maßnahme.

Die heilige Hildegard, erleuchtet durch Gottes Geist, Buchmalerei

# Die Wilde Hilde

## Frauenpower im Mittelalter

Diese Frau war intellektuell ein Hammer, auch wenn sie körperlich das genaue Gegenteil war: schwächlich, fragil, von Kinderzeit an gebrechlich und kränkelnd. Das hat sie aber bei ihrem Lebenswerk nicht gestört. Hildegard war Künstlerin, Wissenschaftlerin, Mystikern, Ärztin, Dichterin und politisch engagiert. Vor allem aber war sie eins: eine Frau in einer von Männern absolut dominierten Welt. Vielleicht dröhnte gerade deshalb das von ihr Gesagte so laut.

Hildegard wurde um 1098 in Bermersheim bei Alzey als zehntes Kind des edelfreien Grundherrn Hiltbertus de Vermersheim und seiner Gattin Mechthild geboren. Im Alter von acht Jahren wurde sie von ihren Eltern der Gräfin Jutta von Sponheim, die bei der Benediktinerabtei Disibodenberg an der Nahe als Einsiedlerin lebte, zur Erziehung übergeben. Sie lernte lesen und schreiben sowie in Grundzügen die lateinische Sprache. Nach Juttas Tod 1136 wurde Hildegard ihre Nachfolgerin und leitete die Gemeinschaft der meist adeligen Jungfrauen, die sich nach und nach in der Klause zu einer kleinen Genossenschaft zusammengefunden hatten. Zwischen 1147 und 1150 gründete Hildegard ein Kloster auf dem Rupertsberg, in das sie mit achtzehn Schwestern übersiedelte. Um 1165 gründete sie ein Tochterkloster in Eibingen bei Rüdesheim.

Trick oder nicht: Die wohl größte Mystikerin Deutschlands wurde ehrfürchtig „Tischgenossin Gottes" genannt, weil sie ihre Visionen stets zum Anlass ihrer Äußerungen und Mahnungen nahm, sie also nicht von sich, sondern von Gottes Eingebung ableitete. Sie selbst beschrieb ihre Visionen so: „Die Kraft und das Geheimnis verborgenen und wunderbaren Schauens erfuhr ich wundersam in meinem Innern seit meinen Kinderjahren: doch tat ich es keinem Menschen kund und deckte alles mit Schweigen zu bis zu der Zeit, da Gott es durch seine Gnade offenbaren wollte. Die Gesichte, die ich schaue, nehme ich nicht in traumhaftem Zustand, nicht im Schlaf oder in Umnachtung des Geistes, nicht mit den Augen des Leibes oder den Ohren des äußeren Menschen auf, sondern wachend empfange ich sie, besonnen und mit klarem Geist, so wie Gott es will. Wie das geschieht, ist für den sterblichen Menschen schwer zu begreifen.

„... ALS ICH ZWEIUNDVIERZIG JAHRE UND SIEBEN MONATE ALT WAR, KAM EIN FEURIGES LICHT MIT BLITZELEUCHTEN VOM OFFENEN HIMMEL HERNIEDER ..."

Im Jahre 1141 der Menschwerdung des Sohnes Gottes, Jesu Christi, als ich zweiundvierzig Jahre und sieben Monate alt war, kam ein feuriges Licht mit Blitzeleuchten vom offenen Himmel hernieder. Es durchströmte mein Hirn und durchglühte mir Herz und Brust gleich einer Flamme, die jedoch nicht brannte, sondern wärmte, wie die Sonne uns erwärmt, wenn sie uns mit ihren Strahlen übergießt. Da war mir plötzlich und mit einem Mal der Sinn der Heiligen Schrift erschlossen, wenngleich ich die einzelnen Worte nicht übersetzen konnte. Ich sah einen großen Glanz, und eine himmlische Stimme erscholl aus ihm und sprach: '0 du gebrechlicher Mensch, Asche von Asche, Staub vom Staube, sage und schreibe, was du siehst und hörst! Tue kund die Wunder, die du erfahren hast!' All dieses sah und hörte ich, und dennoch: ich weigerte mich zu schreiben, nicht aus Trotz, sondern aus Demut, wegen der Zweifelsucht und des Geredes der Menschen, bis mich Gottes Geißel auf das Krankenlager warf. Da endlich legte ich Hand ans Schreiben."

Zehn Jahre brauchte Hildegard für ihr erstes Hauptwerk „Scivias" (= Wisse die Wege!). Es handelt vom Sündenfall und seinen Folgen, der Erlösung durch den Sohn Gottes und von der Kirche. Fünf Jahre dauerte die Niederschrift der 1158 begonnenen neuen mystischen Arbeit, des „Liber Vitae meritorum", eines in prophetischen Bilderreden geschriebenen Lehrbuchs der christlichen Ethik. 1163–70 entstand als letzte ihrer mystischen Schriften „Liber divinorum operum", eine Kosmologie und Anthropologie. Diese Bücher Hildegards zählen zu den ältesten Schriften der deutschen Mystik.

HILDEGARD WAR DIE ERSTE FRAU, DIE IN DEUTSCHLAND ÖFFENTLICH PREDIGTE.

Von kultur- und literaturgeschichtlichem Wert sind ihre medizinischen und naturwissenschaftlichen Werke. Sie ist die erste schriftstellernde deutsche Ärztin und die Begründerin der wissenschaftlichen Naturgeschichte in Deutschland. Ihre zahlreichen Gedichte hat sie zum Teil selbst vertont.

Die von den heutigen Grünen aller Schattierungen erst noch wirklich zu entdeckende Hildegard hat naturwissenschaftlich die Harmonie der Lebensweise, das Maßhalten, gottgefälligen Glauben und die Kongruenz von Heil und Heilung betont. Theologisch und pastoral hat sie vor allem durch ihre umfangreiche Korrespondenz gewirkt; noch rund dreihundert ihrer Briefe sind erhalten, die ihren starken Charakter und Glauben in – für ihre Zeit – unvergleichlich offener Sprache nachweisen. Ihre – von den Betroffenen – nicht immer freudig aufgenommen Ermahnungen gegenüber Papst und König aus dem Mund einer Frau schadeten ihr nur deshalb nicht, weil sie sich auf ihre Visionen berief – und durch ihre Verwandtschaft in hohen Kirchenämter abgesichert war.

Hildegard war die erste Frau, die in Deutschland öffentlich predigte. Klerus und Volk rief sie zur Buße auf, verlangte strenge Sittenzucht und drohte schwere Strafen an, aber auch die Läuterung der Kirche. Mit welcher Wortgewalt und unmissverständlicher Deutlichkeit diese Frau reden konnte, zeigt eine erhaltene Predigt an die Priester, die sie öffentlich in Köln gehalten hat. Dem Klerus, der zu ihrer Zeit zu verweltlichen drohte, schrieb sie ins Stammbuch: „Ihr seid eine Nacht, die Finsternis ausatmet, und wie ein Volk, das nicht arbeitet. Ihr liegt am Boden und seid kein Halt für die Kirche, sondern ihr flieht in die Höhle eurer Lust. Und wegen eures ekelhaften Reichtums und Geizes sowie anderer Eitelkeiten unterweist ihr eure Untergebenen nicht. Ihr solltet eine Feuersäule sein, den Menschen vorausziehen und sie aufrufen, gute Werke zu tun."

> IHR SEID EINE NACHT, DIE FINSTERNIS AUSATMET, UND WIE EIN VOLK, DAS NICHT ARBEITET.

Klar, dass eine solche wilde Hilde schon zu Lebzeiten als „Heilige" angesehen wurde. Die Kirche tat sich mit dieser Heiligkeit aber sehr schwer. Als Hildegard am 17. September 1179 starb, dauerte es bis 1228, bis zum ersten Mal ein Antrag auf Heiligsprechung gestellt wurde. Positiv beantwortet ist der aber bis heute nicht. Gut Ding will eben Weile haben, sagen sich die vatikanischen Prälaten. Nur einer von denen war schlauer, es muss ein Rheinländer gewesen sein. Er erinnerte sich der rheinischen Lösung, also wie man so etwas im Rheinland löst. Trotz fehlender Kanonisation stand die heilige Hildegard plötzlich 1584 im offiziellen Heiligenverzeichnis der katholischen Kirche, dem Martyrologium Romanum. Und damit sich die wilde Hilde nicht vor den anderen Heiligen zu schämen braucht, hat man ihr auch gleich einen Gedenktag zugeteilt, ihren Todestag, den 17. September. Nun warten alle auf einen neuen rheinischen Prälaten in Rom, denn der Antrag der Arbeitsgemeinschaft katholischer Frauenverbände und -gruppen aus dem Jahr 1979, Hildegard zur Kirchenlehrerin zu ernennen, ruht und ruht und ruht in Rom. Vielleicht gibt es ja noch einmal eine rheinische Lösung für diese tolle Frau. Zu wünschen wäre es ihr.

Der heilige Michael vor der gleichnamigen Kirche in Dormagen

# Heiliger Erzengel Michael

## Vorbild des „Deutschen Michels"

Unter den Engeln gilt Michael als streitbarer Engel: Er soll den gefallenen „Lichtengel" Luzifer niedergekämpft (Der „Engelssturz" geht auf eine Fehlinterpretation von Apk 12,7 zurück, die seit dem 6. Jahrhundert nachweisbar ist) und Adam und Eva aus dem Paradies vertrieben haben. Dargestellt wird er darum gerne mit Rüstung, Schwert und Seelenwaage. Auf seinem Schild steht: „Quis ut Deus?" – Wer ist wie Gott? Ebendies ist auch die hebräische Bedeutung seines Namens Michael. Das Alte Testament kennt Michael als einen der höchsten Engel, den himmlischen Fürst Israels, der diesem Volk beisteht; das Neue Testament kennt ihn als Erzengel, der gegen den Teufel kämpft (Jud 9, übernommen aus jüdischer Legende, und Apk 12,7f.).

Die außerbiblischen Darstellungen haben Michael reich geschmückt: in alttestamentlicher Zeit als einen der sechs oder sieben Engelfürsten, den besonderen Vertrauten Gottes, der die Schlüssel des Himmels verwahrt, Oberfeldherr der Engel. In neutestamentlicher Zeit: als göttlichen Beauftragten für Aufgaben, die besonderer Kraft bedürfen, als Fürbitter der Menschen bei Gott, als Engel des christlichen Volkes, als Beistand der Sterbenden, der die Seelen der Verstorbenen in den Himmel geleitet. Mit Letzterem hängt das häufige Michaelspatrozinium von Friedhofskapellen zusammen. Wegen seiner Wehrhaftigkeit wählte man Michael gern zum Patron von Burgkapellen. Nicht ohne Grund lädt das Katholische Büro, früher in Bonn und jetzt in Berlin, Vertreter der Politik und Kirche jährlich zu einem „Michaelsempfang". Der Erzengel Michael steht zu den Deutschen in einem ganz besonderen Verhältnis: Ludwig der Fromme (813–840), Sohn Karls des Großen, hat den Gedächtnistag für Michael mit Absicht auf den 29. September gelegt (Mainzer Synode 813), an dem bei den Germanen Wotans gedacht wurde. Michael wurde zum viel verehrten Patron der Deutschen – und damit zum Vorbild des „deutschen Michel". Erst durch die Französische Revolution wurde der „deutsche Michel" zur Spottgestalt: ein zipfelmütziges treu-naives Nachtgespenst.

MIT SEINER POSAUNE WIRD ER DIE TOTEN AUS IHREN GRÄBERN AUFWECKEN. DARGESTELLT WIRD ER DARUM GERNE MIT RÜSTUNG, SCHWERT UND SEELENWAAGE.

Die Verdrängung des Wotan-Kultes bedeutete, dass Michael die Wotan-Verehrung auf den Bergen verdrängte. Ältestes Beispiel ist Monte Sant'Angelo in Gargano (Apulien), wo er 493 erschienen sein soll. Von dort verbreitete sich sein Kult in ganz Europa. Nach diesem Modell errichtet wurden der Mont-Saint-Michel in der Normandie, das britische Gegenstück St. Michel's Mount, das italienische Sacra di San Michele im Piemont. Und in Deutschland, wo doch der deutsche Michel zu Hause ist? Da haben wieder einmal die Rheinländer die Ehre gerettet. Zugegeben, der Berg ist nicht sehr hoch, aber mit vierzig Meter über der Stadt Siegburg ist der Michaelsberg einer der höchsten in der näheren Umgebung. 1064 gründete Erzbischof Anno auf diesem Berg ein Benediktinerkloster, das bis 1803 und dann wieder von 1945 bis 2011 als Benediktinerkloster auf dem Siegburger Michaelsberg bestand.

Auf den Bergen hat Michael aber Wotan nicht nur verdrängt, er ist dort oft in der Rolle des himmlischen Oberfeldherrn anzutreffen. Er soll den gefallenen „Lichtengel" Luzifer niedergekämpft haben, was dann als Himmels- oder Höllensturz zum Thema von Darstellungen wurde, je nachdem, aus welcher Richtung der Betrachter den Sturz zu betrachten beliebt.

> ER SOLL DEN GEFALLENEN „LICHTENGEL" LUZIFER NIEDERGEKÄMPFT HABEN, WAS DANN ALS HIMMELS- ODER HÖLLENSTURZ ZUM THEMA VON DARSTELLUNGEN WURDE ...

Aber Michael findet sich auch im Tal, bildlich gesprochen an den tiefsten Stellen in den Tälern unseres Lebens: auf den Friedhöfen. Viele Friedhofskapellen haben den heiligen Michael zum Patron, weil es heißt: Mit seiner Posaune wird er die Toten aus ihren Gräbern aufwecken. Bei Daniel im Alten Testament heißt es (5,27): „Gewogen wurdest du auf der Waage und zu leicht befunden." Als „Gewogen und zu leicht befunden" ist dieses Bibelwort zum Sprichwort geworden. Der Erzengel Michael ist Patron der Sterbenden, der Begleiter ihrer Seelen zum göttlichen Gericht.

In der Gegenwart ist Michael meist arbeitslos, weil er kaum mehr in Anspruch genommen wird – oder haben Sie schon einmal eine Predigt über Engel gehört oder über Schutzengel, jene Sondereinsätze, die einige Engel leisten müssen, für Leute, die sich gerne in Gefahr begeben? Diese göttlichen Aufträge scheinen sich in sehr engen Grenzen zu halten und die Kirche hat auch keine Verwendung mehr für sie. Was Wunder, wenn sich die Engel, allen voran der heilige Michael, nach neuer Arbeit umgesehen haben.

Sie sind bei einer im Rheinland ansässigen Versicherung fündig geworden. Das heimatlose Himmelsgeflügel arbeitet jetzt unter dem Motto „Mit dem Schutzengel, der Leben retten kann, sind Sie nie mehr alleine unterwegs." Die Versicherung ist „zuverlässig wie ein Schutzengel". Oder: Die Versicherung springt ein, wenn „Schutzengel mal Pause machen". Ihr Slogan lautet: „Immer da, immer nah". Als Kritik an der nicht ökumenischen, sondern bloß ökonomischen Einvernahme der Engel aufkam, wurde die Konzeption geändert: Neuerdings werden Menschen gezeigt, die sich als Schutzengel in gefährlichen Situationen erweisen. Haben sie ihre rettende Tat vollbracht, wachsen ihnen Flügel. Diese Abschwächung des Schutzengelmotivs passte aber einigen nicht. Die Flügel sollen wieder länger zu sehen sein. Aufgegeben wird die Versicherung das Engelmotiv nicht, denn die Engel sind heimatlos, weil die Kirche sie nicht mehr einsetzt. Die Versicherung hat sie nun für sich „besetzt" und in ihr Erscheinungsbild integriert. Halleluja, endlich bewähren sich die Frommen auch einmal in der freien Wirtschaft. So heißt es denn heute: Den eigenen Schutzengel kennen die wenigsten – den aus der Provinzial-Werbung sehr viel mehr. Heiliger Michael, hilf uns nicht nur in Todesgefahr!

# BRUNO VON KÖLN

VON DEN
RADIKALEN EINER DER
GANZ HARTEN

Bruno wurde zwischen 1027 und 1030 in Köln geboren, möglicherweise als Spross der Patrizierfamilie Hardefust. Er studierte an den Domschulen in Köln und Reims Philosophie und Theologie und übernahm 1056 die Leitung der Domschule von Reims. Im Investiturstreit, also im Streit um die Frage, ob Papst oder Kaiser erster Stellvertreter Christi auf Erden sind, stand Bruno auf Seite der Kirche. Seine Wahl zum Bischof von Reims scheiterte 1067, denn sein Mitbewerber erkaufte sich das Amt. 1075 wurde Bruno dennoch Kanzler des Erzbistums Reims, legte aber nach einiger Zeit sein Amt nieder, weil sein Bischof immer wieder der Simonie anhing. Er musste nach Köln fliehen und kehrte erst 1080 nach Reims zurück, als der simonistische Bischof abgesetzt war. Wieder wurde Bruno als neuer Bischof vorgeschlagen. Er lehnte ab, weil er sich durch sein Gelübde, „die Welt zu

Der heilige Bruno,
Skulptur auf dem Kölner Rathausturm

verlassen" und als Mönch „nach dem Ewigen zu streben", gebunden hatte. Sein Schlüsselerlebnis war die Beisetzung eines berühmten Professors der Philosophie, der sich während der Beisetzung aus seinem Sarg erhob und schreiend seine Verdammnis beklagte.

1080 trat Bruno als Benediktiner in die Abtei von Molesme ein. 1084 erlaubte ihm sein Abt, in der Nähe, in der Einöde von Sêche-Fontaine, eine Einsiedelei zu errichten. Weitere Einsiedler schlossen sich an, so dass das Gelände zu klein wurde. Bischof Hugo von Grenoble stellte Bruno ein Gelände im Chartreuse-Gebirge, Cartusia genannt, in den französischen Alpen zur Verfügung, wo Bruno mit sechs Gefährten eine größere Einsiedelei, die Große Kartause, errichtete. Es entstand zunächst ein kleines Bethaus mit sechs Mönchszellen; es galten absolutes Schweigegebot und Fleischverzicht, die Verständigung erfolgte nur durch Zeichen. Zu nächtlicher Stunde wurden Gregorianische Choräle gesungen und Gottesdienst gefeiert. Später erhielt diese Einsiedelei den Namen „La Grande Chartreuse". In der Tradition der Wüstenväter wurde der Tag in Gebet und Arbeit eingeteilt, Handarbeit und geistige Arbeit, wobei unter Letzterem vor allem das Kopieren von Büchern verstanden wurde.

> DIE ZEIT SCHEINT STILL ZU STEHEN, DAS LEBEN AUF DAS WESENTLICHSTE KONZENTRIERT.

Als Odo di Castiglione als Urban II. den päpstlichen Thron bestieg, rief er 1090 seinen ehemaligen Lehrer Bruno als Berater nach Rom. Bruno folgte nur widerwillig. Seine Gemeinschaft zerfiel, konnte aber wieder aufgebaut werden. Der päpstlichen Bitte, das Bistum Reggio in Kalabrien zu übernehmen, kam Bruno nicht nach, weil es ihn wieder in die Einsamkeit zog. Mit Hilfe der normannischen Herzöge erhielt er in der Diözese Squillace in Kalabrien Gelände für eine Einsiedelei im Tal La Torre beim heutigen Serra San Bruno. Das Kloster bekam den Namen Santa Maria dell'Eremo. Wenig später gründete Bruno im heutigen Serra San Bruno das Kloster San Stefano del Bosco.

Bruno starb am 6. Oktober 1101 im Kloster Santa Maria dell'Eremo. Er wurde im Kloster San Stefano bestattet, aber 1122 nach Santa Maria umgebettet. In Kalabrien galt er bald als Heiliger, während Hugo von Grenoble seit 1135 in La Grande Chartreuse als Ordensgründer gefeiert wurde. Bruno dagegen war jahrhundertelang nur der „Magister Bruno".

1176 wurde der Kartäuserorden vom Papst anerkannt. Bruno wurde nie förmlich heiliggesprochen, doch wurde 1514 von Papst Leo X. seine Verehrung durch den Orden und 1622 von Papst Gregor XV. durch die ganze Kirche erlaubt. Verbindlich wurde der Gedenktag aber erst 1674 durch Papst Clemens X.

> DER PÄPSTLICHEN BITTE, DAS BISTUM REGGIO IN KALABRIEN ZU ÜBERNEHMEN, KAM BRUNO NICHT NACH, WEIL ES IHN WIEDER IN DIE EINSAMKEIT ZOG ...

„Die große Stille" hieß jener beeindruckende Film 2005, der das Leben in La Grande Chartreuse zeigt. Die Zeit scheint still zu stehen, das Leben auf das Wesentlichste konzentriert. „Erst in der Stille beginnt man zu hören. Erst wenn die Sprache verstummt, beginnt man zu sehen", hat Bruno gelehrt. „Die Welt verlassen" manche Ordensleute, einsam leben auch manche Eremiten, aber so radikal wie Bruno war noch nie ein anderer Katholik: nicht sprechen, kein Fleisch, kein Radio, kein Fernsehen, kein Telefon, ein streng durchgliederter Tag, aufgeteilt gegen alle gewerkschaftlich abgesicherten Regeln:

> 23.30 Uhr: Gebet in der Zelle
> 00.15 Uhr: Gebet in der Kirche
> anschließend Gebet in der Zelle, Schlafen
> 06.30 Uhr: Aufstehen
> 07.00 Uhr: Gebet in der Zelle
> anschließend Messe und Schriftlesung in der Kapelle
> 10.00 Uhr: Gebet in der Zelle
> anschließend: Studium oder Handarbeit
> 12.00 Uhr: Gebet in der Zelle
> anschließend Mittagessen
> 14.00 Uhr: Gebet in der Zelle
> anschließend 1 Stunde Handarbeit oder Studium
> 16.00 Uhr: Gebet in der Zelle
> 16.15 Uhr: Gebet in der Kirche
> anschließend Abendessen
> 18.45 Uhr: Abendgebet in der Zelle
> 19.30 Uhr: Schlafen gehen

Über der Pforte eines jeden Kartäuserklosters ließ der heilige Bruno den Satz anbringen „Stat crux, dum volvit orbis" – „Es steht das Kreuz, solange sich der Erdkreis dreht". Das bedeutet: Mittelpunkt des Mönchlebens ist allein das Kreuz, auch wenn die Welt verrücktspielt.

Die einzige Kartause in Deutschland besteht in Marienau in Baden-Württemberg, seit 1964 von Mönchen bewohnt. Gegründet wurde sie als Ersatz der 1869 in Maria Hain bei Düsseldorf errichteten Kartause, deren Mönche dem Ausbau des Düsseldorfer Flughafens weichen mussten.

Dass ein Rheinländer, die personifizierte kommunikative Begabung an sich, zu einer solch radikalen Lebensweise fähig wird, ist schon ein Wunder an sich.

Die heilige Ursula als Schutzmantelheilige mit Pfeil, Plastik in St. Ursula, Köln

# Et kölsche Ulla oder: Die heilige Ursula

UND WIE MAN AUS ALTEN KNOCHEN NOCH GELD SCHLAGEN KANN

Die Erfolgsgeschichte der kölschen Ulla ist unvergleichlich. Durch die sogenannte Clematius-Inschrift in St. Ursula wissen wir, dass einem gewissem Clematius, Angehöriger des Senatorenstandes, bei einem Aufenthalt im Orient, ein himmlisches Gesicht erschienen ist, wodurch er nach Köln geführt wurde, und zwar an den Ort des Martyriums der heiligen Jungfrauen, die für Christus ihr Blut vergossen hatten. Sein Anliegen war es, den Märtyrerinnen eine Kirche zu erbauen, was er in die Tat umsetzte. Über einem Grab eines nicht mit Namen bekannten Mädchens entstand eine Kirche, die später von den Franken zerstört und dann wieder aufgebaut wurde.

Eine Legende erzählt dazu, die Tochter Ursula des Königs von Britannien sei vom Sohn des Königs von England zur Frau begehrt worden, wollte aber als Christin keinen Heiden heiraten. Um dem angedrohten Krieg bei Ablehnung der Brautwerbung zu entgehen, wollte sie mit zehn Jungfrauen drei Jahre lang per Schiff wallfahren, der Bräutigam aber sollte in dieser Zeit den christlichen Glauben kennenlernen und sich taufen lassen. Soldaten, Bischöfe und andere begleiteten die Jungfrauen. Über Gallien kam man nach Köln und wallfahrte dann nach Rom, um schließlich nach Köln zurückzukehren. Die Stadt wurde aber von den Hunnen belagert, die über die Pilger herfielen und alle ermordeten.

Erst ab dem 9./10. Jahrhundert taucht der Name Ursula für die Anführerin der Gruppe auf. Warum gerade dieser Name genannt wird, ist nicht endgültig geklärt. Aber: Ursula ist eine Verkleinerungsform zum lateinischen „ursa" („die Bärin"). Im Fall der heiligen Ursula bezieht sich der Name wohl auf ihre Tapferkeit im Märtyrertod („stark wie eine kleine Bärin").

Diese Zahl von elftausend Märtyrerinnen hat sich erst seit dem 10. Jahrhundert durchgesetzt. Vorher ging man von der überschaubaren Zahl von elf Gefährtinnen aus. Dass sich die Jungfrauen der heiligen Ursula dermaßen vermehrt haben, wird auf einen Lesefehler zurückgeführt. Als Begründung für dieses Missgeschick haben sich zwei Theorien durchgesetzt: Zum einen wurde angenommen, dass der Strich über der Zahlenangabe XI, welcher eigentlich dazu da ist, die Zahl hervorzuheben, als ein Zeichen für tausend entziffert wurde. Zum anderen ist die bekannteste und auch sehr plausible Erklärung die, dass XI M. V. übersetzt wurde mit XI milia virginum, statt mit XI Martyres Virgines. Die Bestätigung für die große Zahl der Märtyrerinnen ergab sich durch die Erweiterung der Stadtmauer im 12. Jahrhundert in der Nähe der Ursulakirche. Hier wurde ein (natürlich römisches) Gräberfeld mit einer derart großen Anzahl von Gebeinen entdeckt, dass die These der elftausend Jungfrauen, zumindest für die Menschen jener Zeit, belegt zu sein schien.

Mit der Entdeckung der Gebeine der elftausend Jungfrauen entstand das Problem herauszufinden, bei welcher der Märtyrerinnen es sich um die heilige Ursula handelte. Daraufhin entstand eine weitere Legende, welche die Auffindung des Grabes der heiligen Ursula dem Kölner Erzbischof St. Kunibert zuschrieb (7. Jahrhundert). Demnach heißt es, dass sich eine Taube während einer Messfeier auf seinen Kopf setzte und dann zum Grab einer der heiligen Jungfrauen flog.

DIESE ZAHL VON ELFTAUSEND MÄRTYRERINNEN HAT SICH ERST SEIT DEM 10. JAHRHUNDERT DURCHGESETZT. VORHER GING MAN VON DER ÜBERSCHAUBAREN ZAHL VON ELF GEFÄHRTINNEN AUS ...

Im 12. Jahrhundert, zu der Zeit als die großen Ausgrabungen stattfanden, bei denen auch die Gebeine der elftausend Jungfrauen gefunden worden sein sollen, kannte man dieses Ereignis nicht und glaubte erneut die heilige Ursula gefunden zu haben.

Einige der Begleiterinnen der heiligen Ursula werden namentlich genannt, so zum Beispiel Aurelia, Cäcilia, Cordula, Eugenia, Grata, Kunera, Kunigunde, Priska oder Verena. Die heilige Cordula hat sogar einen eigenen Gedenktag (22. Oktober), da sie sich der Legende nach zunächst vor den Hunnen verstecken konnte und erst einen Tag nach den anderen Jungfrauen das Martyrium erlitt.

Im Stadtwappen von Köln werden die elftausend heiligen Jungfrauen durch elf schwarze Flämmchen oder Blutstropfen symbolisiert.

Seine Blütezeit erlebte der Ursulakult im späten Mittelalter und in der frühen Neuzeit. Verschiedene Orden, besonders die Benediktiner, Prämonstratenser und Zisterzienser, nach der Reformation auch die Jesuiten, förderten die Verehrung der Heiligen und ihrer Gefährtinnen. 1535 gründete die heilige Angela Merici (ca. 1474–1540) in Brescia mit der „Compagnia di S' Orsola" die Vorgängerorganisation des Ordens der Ursulinen. Diese religiöse Frauengemeinschaft versammelte junge Frauen, die aus freien Stücken nach den Evangelischen Räten (Ehelosigkeit, Armut, Gehorsam) lebten und sich dem Gebet und karitativen Aufgaben widmeten. Sie stellte diese Gemeinschaft unter den Schutz der heiligen Ursula, die ja als Vorbild für Jungfräulichkeit und als Patronin der Jugend verehrt wurde.

IM STADTWAPPEN VON KÖLN WERDEN DIE ELFTAUSEND HEILIGEN JUNGFRAUEN DURCH ELF SCHWARZE FLÄMMCHEN ODER BLUTSTROPFEN SYMBOLISIERT.

Neben Rom wurde Köln durch die zahllosen „Ursulareliquien" zur zweitwichtigsten Stadt im weltweiten Reliquienhandel. Der Kölner Stadtrat, dem dieser Reliquienhandel unheimlich wurde, veranlasste schließlich 1392 Papst Bonifaz IX. diesen zu untersagen. Im Zeitalter der Reformation nahm die Reliquienverehrung schlagartig ab. Der Ursulakult wurde im Mittelalter von einigen Ordensgemeinschaften mit viel Aufwand betreiben. So galt als Hauptförderer das Benediktinerkloster in Köln Deutz, aber auch die Benediktiner aus anderen Klöstern und die Prämonstratenser zählten dazu. Die Zisterzienserklöster verehrten fast alle die heilige Ursula. Besonders intensiv übten die Zisterzienser aus Altenberg den Ursulakult aus, sie besaßen damals tausend Häupter der heiligen Jungfrauen. Zur Zeit der Reformation nahm der Reliquienkult allerorts immer mehr ab, doch die Jesuiten versuchten die Verehrung der Heiligen und ihrer Jungfrauen aufrecht zu erhalten, indem sie die Reliquien in der ganzen Welt verteilten. Die Kölner Kopfreliquien der ursulanischen Gemeinschaft sind berühmt für ihr „kölsches Lächeln", wie die Kunstgeschichte es nennt. Es beschreibt eine Mimik, die zwischen fromm-entrückt bis leicht dümmlich schwankt.

Wenn man die Verbreitung eines Heiligennamens als Vornamen zum Maßstab seiner Beliebtheit und Bekanntheit nimmt, dann stellt man fest: In Deutschland führt Ursula die Statistik der zehn häufigsten weiblichen Vornamen in den Jahren 1890–2002 an. Zwischen 1920 und 1950 gehörte Ursula in Deutschland zu den häufigsten Vornamen und nahm in den 1920er Jahren meistens den Spitzenplatz ein. Seit 1980 kommt Ursula als Vorname sehr selten vor; sicherlich wird dieser Vorname, wie viele andere, nach Jahren plötzlich wieder modern werden.

# Heiliger Carl Borromäus

## Einer, der Kölner Knöchelchen haben wollte

Keiner, der je in Mailand war, wird dort die Kathedrale der Stadt übersehen haben. Und wer diesen prächtigen Bau betritt, wird auch den Weg in die Krypta finden, wo der heilige Carl Borromäus aufgebahrt dem Jüngsten Tag entgegen wartet.

Wer noch nie in Mailand war, kennt den Heiligen vielleicht aus seinem Urlaub in der Schweiz. Im italienischen Teil des Lago Maggiore heißen vier Inseln Borromäische Inseln, weil sie sich seit dem 12. Jahrhundert im Besitz des Adelsgeschlechtes der Borromeo befanden. Und aus eben dieser Familie stammte auch Carl, der Carl Borromäus genannt wird.

Der am 2. Oktober 1538 in Arona geborene Carl studierte 1552–1559 in Pavia Rechtswissenschaften. Sein Onkel Papst Pius IV. ernannte ihn 1559 zu seinem Geheimsekretär und 1560 zum Kardinal und kurze Zeit später zum Administrator von Mailand. Priester- und Bischofsweihe wurden ihm

1563 gespendet. In Mailand setzte Carl mit beispielhaftem Reformeifer die Beschlüsse des Konzils von Trient durch. Visitationen, Synoden, Hirtenschreiben, Einrichtungen zur Priesterbildung markieren seinen Lebensweg, der nicht nur einen aufopfernden Hirten zeigt, sondern einen Bischof, der in seiner persönlichen Lebensführung überzeugte. Er wurde zum weltweiten Vorbild aller nachfolgenden tridentinisch geprägten Reformbischöfe. Carl starb am 3. November 1584 und wurde in der Krypta des Mailänder Doms beigesetzt. Am 1. November 1610 sprach man den im Alter von sechsundvierzig Jahren Verstorbenen heilig.

Mit Köln verbindet den Heiligen mindestens Zweifaches: Zum einen litt Carl wie manch anderer Mailänder am Verlust der Reliquien der Heiligen Drei Könige und überlegte, besonnen heilig und weltlich listig zugleich, wie er wieder in den Besitz der „Knöchelchen" kommen konnte. Dabei war Carl nicht der Erste gewesen, der darüber nachgedacht hatte, wie die Gebeine der drei Magier wieder zurück nach Mailand finden könnten.

Der Mailänder Herzog Ludovico Sforza (1452–1507) hatte sich als Erster in dieser Angelegenheit an den Kölner Erzbischof gewandt von diesem die – sicherlich taktisch als Hinhaltung ad infinitum zu wertende – Antwort erhalten, man müsse zunächst die Erlaubnis und Vollmacht des Papstes einholen. Was aber passierte? Am 31. Januar 1495 richtete tatsächlich Papst Alexander VI. (1492–1503) aus der Familie der Borgia ein Breve an den Erzbischof von Köln, in dem er die Rückführung der Dreikönigsreliquien nach Mailand befürwortete. Diese Aktion verlief jedoch ebenso im Sande wie der spätere Versuch der Dominikaner, die Sant' Eustorgio in Mailand übernommen hatten, über Papst Pius IV. (1559–1565) mit

Hilfe einer Supplik an die Gebeine zu gelangen. „Erledigung durch Liegenlassen" der Akte nennen ausgefuchste Bürokraten dieses Verfahren.

Um 1580 ein neuer Versuch in gleicher Sache, dieses Mal durch Carl Borromäus. Er nahm Kontakt auf mit dem päpstlichen Nuntius in Flandern und Köln, Giambattista Castagna. Carls Ziel war es, wenigstens einen Teil der Reliquien wieder nach Mailand verbringen zu können. Als ihm der Nuntius aber mitteilte, die Dreikönigsreliquien würden in Köln sehr verehrt und streng bewacht und es bestünde keine Aussicht, auch nur den kleinsten Teil eines Daumens der drei Magier zurückzuerhalten, nahm der heilige Mailänder Erzbischof nicht einmal mehr mit dem Kölner Erzbischof brieflichen Kontakt auf. Die Vergeblichkeit, auf rechtem oder vielleicht sogar auf unrechtem Weg in den Besitz der heiligen Knöchlein zu gelangen, war ihm klar geworden.

Jeder, der einmal mit dem Faust traktiert wurde, weiß, Lohn erhält nur, wer immer strebend sich bemüht und eben solches haben die Mailänder auch getan. Rund einhundert Jahre nach Carl Borromäus hat Alfonso Litta, Erzbischof Mailands von 1652–1673, wieder Kontakt mit dem Kölner Nuntius, diesmal Opizio Pallavicino, aufgenommen. Der musste ihm aber mitteilen, die Reliquien würden im Kölner Dom noch immer streng bewacht. Teil der Gebeine zu beschaffen sei ebenso schwierig wie der Erwerb eines Steines der Santa Casa di Loreto oder eines Teils der im Lateran bewahrten Häupter der Apostel. Der Hinweis, vielleicht sei in Zukunft ja einmal der Erwerb von „un atomo d'un tanto loro tesoro" möglich, mag den Mailänder Erzbischof kaum getröstet haben.

Aber die Kölner sind ja keine Unmenschen. Schließlich, wenn auch erst nach Jahrhunderten, wurde der Wunsch der

Mailänder doch noch erfüllt: Am 28. August 1903 übergab der Kölner Erzbischof Anton Fischer (1902–1912) dem in Köln weilenden Mailänder Erzbischof Andrea Carlo Ferrari einige Partikel der Dreikönigsreliquien: das Schien- und Wadenbein vom Ältesten, das Wadenbein vom mittleren und einen Halswirbel vom Jüngsten der drei heiligen Magier. Dieser wiederum revanchierte sich mit einem „Gegengeschenk", einer Kasel des heiligen Carlo Borromeo. Und so ist wenigstens eine Berührungsreliquie des heiligen Carl Borromäus im Rheinland zuhause.

„ERLEDIGUNG DURCH LIEGENLASSEN" DER AKTE NENNEN AUSGEFUCHSTE BÜROKRATEN DIESES VERFAHREN.

Ein zweiter, völlig unkörperlicher Bezug zwischen Carl Borromäus und dem Rheinland gibt es in der Person des „roten Ruhrkaplans", dem hoch betagt verstorbenen „Bunkerpastor" in Düsseldorf-Heerdt, Monsignore Dr. Carl Klinkhammer (1903 - 1997). Der hatte nicht nur im „Dritten Reich" die Nazis offen bekämpft, sondern hatte seinen Eltern die Benennung nach dem Sachsenschlächter Karl dem Großen übel genommen. Und wenn „dä Carl", wie er später liebevoll genannt wurde, sich was in den Kopf gesetzt hatte, wurde dieser Kopf hart und setzte sich gegen jeden Widerstand durch. Auch beim Vornamen. So wurde aus „Karl" eben „Carl" – und Vorbild dafür war jener Mailänder Bischof, dessen seelsorglicher Eifer den jugendlichen Klinkhammer beeindruckt hatte. Und deshalb hörte man – ob man es wollte oder auch nicht – wenn „dä Carl" benannt wurde, das „C" immer mit heraus.

Wie glücklich muss es einen Heiligen machen, wenn er Jahrhunderte nach seinem Tod für einen Menschen leuchtendes Beispiel gibt!

Der heilige Albert als Professor vor der Kölner Uni,
eine Plastik von Gerhard Marcks

# Heiliger Albert der Grosse

## Staunen erregendes Wunder seiner Zeit

Einer der größten Lehrer der mittelalterlichen Theologie ist der heilige Albertus Magnus. Der Beiname „der Große" (Magnus), mit dem er in die Geschichte eingegangen ist, weist auf die Weite und Tiefe seiner Gelehrsamkeit hin, die er mit der Heiligkeit des Lebens verband. Aber schon seine Zeitgenossen zögerten nicht, ihm herausragende Titel zuzuschreiben. Einer seiner Schüler, Ulrich von Straßburg, bezeichnete ihn als „das Staunen erregende Wunder unserer Zeit". Diesen Lobspruch hat kein Geringerer gesagt als Papst Benedikt XVI. – bei seiner Generalaudienz auf dem Petersplatz am 24. März 2010.

Aber der Papst hält sich noch zurück. In Wirklichkeit ist Albert der Wissensgigant seiner Zeit; deshalb nennt man ihn zu seinen Lebzeiten „der Große". Er ist der „Doctor universalis", der über das gesamte Wissen seiner Zeit verfügte, der Wissen und Glauben zueinander brachte, der das philosophische und theologische Wissen nicht nur beherrschte, sondern dem christlichen Abendland die aristotelische Philosophie erschloss. Wer war dieser Mann?

Albert wird um 1200 in Lauingen an der Donau geboren. Er entstammt wahrscheinlich einem Rittergeschlecht mit dem Namen von Bollstaedt. Zum Studium ging er nach Padua, wo ein Onkel von ihm lebte. Dort hörte er 1223 eine Predigt des seligen Jordan von Sachsen. Dieser war der erste Deutsche im jungen Dominikanerorden und dessen zweiter Ordensgeneral (1221–1237) nach dem heiligen Dominikus. Jordan antwortete in seiner Predigt genau auf das, was Albert in der Nacht zuvor im Traum beschäftigt hatte. Der junge Schwabe deutete das als göttliches Zeichen und trat dem Predigerorden bei. Nebenbei bemerkt waren die Dominikaner in ihrer Zeit die geistige Elite und allein schon deshalb ein Magnet nicht nur für Albert.

Pater Albert wurde zum Priester geweiht und als Lektor nach Hildesheim, Freiberg in Sachsen, Regensburg und Straßburg geschickt. Das Ergebnis: Er erhielt 1243 einen der beiden Lehrstühle des Ordens an der Pariser Universität, damals der Gipfel akademischer Gelehrsamkeit.

1245 wurde Albert Magister der Theologie, 1248 zum ersten Regens des neu errichteten Studium generale in Köln. Sein berühmtester Schüler war Thomas von Aquin, der ihm von Paris nach Köln folgte und dessen große Begabung er als Erster erkannte und förderte. Es wird überliefert, dass Albert am Dreikönigstag (6.1.) 1248 in der Stadt ankam und sogleich den deutschen König Wilhelm von Holland sowie dessen Gefolge ins Ordenshaus einlud. Es herrschte klirrende Kälte, doch Albertus führte seine Gäste in den Garten, in dem warmes Frühlingswetter alle dazu einlud, die warme Winterkleidung abzulegen. Nach dem Gastmahl verließen die Gäste den Garten, und es wurde darin wieder Winter.

Eine andere Legende erzählt, wenige Monate, nach seiner Ankunft in Köln, sei der Grundstein zum Bau des neuen gotischen Domes gelegt worden und Albert selbst habe den Plan entworfen, nach dem das Bauwerk während der folgenden Jahrhunderte errichtet wurde. Selbst wenn diese Legende eher unwahrscheinlich ist, beschreibt sie doch, wie unheimlich und geheimnisvoll dieser Wissensgigant seinen Mitmenschen vorgekommen sein muss.

Albert galt nicht nur als klug, sondern auch als gerecht, weshalb man seinen Rat in Streitfragen suchte. So auch im Streit zwischen der Stadt Köln und dem Erzbischof von Köln. Im sogenannten „Kleinen Schied" entschied er gegen den mächtigen Kölner Erzbischof Konrad von Hochstaden (1238–1261), der zum Ärger der Bürger eine minderwertige Münze durchzusetzen versucht hatte. 1258 kam es im

IN WIRKLICHKEIT IST ALBERT DER WISSENSGIGANT SEINER ZEIT; DESHALB NENNT MAN IHN ZU SEINEN LEBZEITEN „DER GROSSE".

„Großen Schied" erneut zu einem Schiedsspruch zu Ungunsten des Kölner Erzbischofs: Albert sprach dem Erzbischof zwar die höchste weltliche und geistliche Macht zu, befand aber auch für die Stadt eine gewisse Gerichtsbarkeit mit Schöffen und Amtleuten.

1260 entsprach Albert dem Wunsch des Papstes und übernahm die Leitung des verlotterten Bistums Regensburg. Nachdem er Ordnung geschaffen hatte, legte er dieses Amt aber bereits 1262 nieder, um als Ordensmann weiter zu leben. In den Jahren 1263–1264 predigte Albert im Auftrag von Papst

Urban IV. in Deutschland und Böhmen und nahm dann wieder in Köln seine Tätigkeit als Professor und Schriftsteller auf. 1274 nahm der Heilige am zweiten Konzil von Lyon als bedeutender Theologe teil.

Kurz vor seinem Tode bemerkte der Universalgelehrte, dass sein Gedächtnis den Dienst verweigerte. Daraufhin gab er seine Lehrtätigkeit auf. Albertus Magnus starb am 15. November 1280 zu Köln. Sein Grab befindet sich heute in der Krypta der Sankt Andreas-Kirche in Köln. 1622 erst wurde er selig- und erst am 16. Dezember 1931 heiliggesprochen und zum Kirchenlehrer erhoben. Anlässlich seines siebenhundertsten Todestages am 15. November 1980 besuchte Papst Johannes Paul II. sein Grab in Köln.

Albert war zwar kein gebürtiger Kölner oder Rheinländer, aber einer, der Köln bekannt gemacht hat. Im Gegensatz zu seinen wissenschaftlichen Kollegen hat er sich nicht auf Philosophie und Theologie begrenzt, sondern Physik, Chemie, Astronomie, Botanik und Zoologie behandelt. Papst Pius XII. hat ihn deshalb zum Schutzpatron der Naturwissenschaftler ernannt.

> Kurz vor seinem Tode bemerkte der Universalgelehrte, dass sein Gedächtnis den Dienst verweigerte. Daraufhin gab er seine Lehrtätigkeit auf.

Bei allem Ruhmvollen, was man über das Genie sagen kann, vielleicht sind alle seine wissenschaftlichen Leistungen zusammen nicht halb so viel Wert wie seine Erkenntnis, zum richtigen Zeitpunkt abzutreten. Diese Fähigkeit ist leider nicht vererblich, stünde aber so manchem Kirchenmann und -fürsten gut zu Gesicht.

# HEILIGER ANNO

PUTSCHIST, HERR DES A...LOCHS UND HEILIGER

„Ä ver e A...loch is er doch!" trotzte 1992 der Kölner Kabarettist Jürgen Becker gegenüber dem Kölner Erzbischof. Und als der WDR, höflich wie er ist, bei der Übertragung der Veranstaltung, wo dieses böse Wort fiel, statt dem „A...loch" einen Pfeifton sendete, sahen sich alle, Fernsehen, Radio und Zeitungen, bemüßigt, den Pfeifton eindeutig zu übersetzen und zu kommentieren. Ein schöner Beleg dafür, dass das, was man gegen die Interessen des Publikums in den Medien „klein" halten will, übermächtig wird.

Für die Bürger von Köln gab es sicher den einen oder anderen Erzbischof, dem sie gerne einen solchen Titel um den Hals gehangen hätten. Einem aber mit Sicherheit und das mit größtem Vergnügen: Das war Anno II. (1056–1075). Dieser Mann aus Schwaben hatte vom Ritter auf Kirchenmann umgesattelt, offensichtlich weil hier die Karriereleiter schneller zu besteigen war. Für ihn hat sich das auch bewahrheitet. Nach dem Besuch der Domschule in Bamberg übernahm er ab 1046 dort die Leitung. Kaiser Heinrich III. berief ihn dann zum Kaplan an den kaiserlichen Hof, ernannte ihn zum Dompropst von Goslar und 1056 zum Erzbischof von Köln.

Anno galt als leicht erregbar, was sich in Tränen bei der Eucharistiefeier oder im Jähzorn mit visionären Träumen zeigte. Er lebte wie ein Asket, trat würdig und repräsentativ wie ein Erzbischof auf, war aber auf eine Art und Weise ehrgeizig und versessen darauf, den Besitz des Erzbistums Köln auszuweiten, dass der Ehrgeiz von Skrupellosigkeit oft nicht mehr zu unterscheiden war. Vielleicht kann man auch nur aus dieser Perspektive die Anordnung Annos in einer Urkunde vom 14. Juli 1063 – also nach seinem Staatsstreich – verstehen, dass der neunte Teil aller Einkünfte des Reiches und des deutschen Königs an das Erzbistum Köln abzuführen seien. Während die einen Chronisten die Regentschaft Annos als goldenes Zeitalter für das Reich werten, beschreiben andere Anno als herrschaftsbesessen und machthungrig. Es gibt aber keine Anhaltspunkte dafür, dass sich Anno persönlich bereichert hätte.

DIESER MANN AUS SCHWABEN HATTE VOM RITTER AUF KIRCHENMANN UMGESATTELT, OFFENSICHTLICH WEIL HIER DIE KARRIERELEITER SCHNELLER ZU BESTEIGEN WAR.

Als Kaiser Heinrich III. im Jahr 1056 starb, übernahm seine Witwe, die Kaiserin Agnes, die Regentschaft, weil der Thronerbe, der spätere Heinrich IV., erst sechs Jahre alt war. Seit 1053 war er schon Mitkönig und ab 1056 römisch-deutscher König. Die Fürsten des Reiches waren mit der Politik der Kaiserin unzufrieden, murrten gegen ihre unkonventionelle Art der Lehnsvergabe und hatten große Vorbehalte gegen Bischof Heinrich von Augsburg als Berater der Kaiserin. Anno machte sich zum Anführer der Gegner, zu denen unter anderem auch der Erzbischof von Mainz, Siegfried I., Graf Ekbert von Braunschweig und Herzog Otto von Northeim gehörten. Sie planten 1062 den jungen König Heinrich IV. in ihre Gewalt zu bringen, was als der „Staatsstreich von Kaiserswerth" in die Geschichte eingegangen ist.

Als sich Kaiserin Agnes und ihr Sohn Heinrich IV. 1062 auf einer Reise nach Nimwegen befanden, lockte Anno den jungen König auf ein Schiff mit gedungenen Ruderern und entführte ihn nach Köln. Zusätzlich erpresste Anno von Kaiserin Agnes die Herausgabe der Reichskleinodien und wurde so von 1063 bis 1065 zum Regenten des Deutschen Reiches. Erzbischof Adalbert von Bremen, Anno von den Kurfürsten als Mitregent aufgezwungen, hatte kaum eine Chance gegen den Kölner Erzbischof. Der entschied 1064 den Streit zwischen Papst Alexander II. und dem Gegenpapst Honorius II. zugunsten von Alexander, mit dem er aber ab 1068 in Streit geriet. Bis zu seiner Schwertleite befand sich Heinrich IV. in der Gewalt Annos. Die Schwertleite des jungen Königs am 29. März 1065, bei der Heinrich nur mit Mühe davon abgehalten werden konnte, die soeben empfangenen Waffen gegen „seinen geliebten Meister" einzusetzen, eröffnete eine jahrelange Auseinandersetzung zwischen dem neuen König und den Fürsten, die Einfluss auf seine Erziehung genommen hatten.

ANNO GALT ALS LEICHT ERREGBAR, WAS SICH IN TRÄNEN BEI DER EUCHARISTIEFEIER ODER IM JÄHZORN MIT VISIONÄREN TRÄUMEN ZEIGTE.

Im Jahr 1074 wollte Anno für seinen Freund Friedrich I., Bischof von Münster, in Köln eine Möglichkeit der schnellen Heimreise organisieren. Im Hafen ließ er darum das Schiff eines Kaufmanns beschlagnahmen. Dieser widersetzte sich dem widerrechtlichen Übergriff und fand schnell in der ganzen

Stadt Unterstützung bei der Bevölkerung. Anno musste sich zurückziehen und im Dom verschanzen. Die tobende Menge erwischte einen Kleriker, den sie für Anno hielt, und schlug ihn tot. Anno sah sich gezwungen, mit seiner Begleitung durch eine sogenannte „Katzenpforte" in der Kölner Stadtmauer, also ein verstecktes kleines Türchen, zu fliehen, um den Aufständischen nicht in die Hände zu fallen. Noch heute nennt der Volksmund diese Pforte doppeldeutig „Annoloch". Vier Tage später erzwang Anno in Begleitung zahlreicher Bewaffneter den Einlass in die Stadt Köln und verhing drakonische Leibstrafen. Über Geflohene wurde der Kirchenbann ausgesprochen. Verfolgt wurden sie eigenmächtig durch einzelne Mitglieder der erzbischöflichen Ritterschaft. Rund sechshundert Kaufleute verließen die Stadt. Nach einem Chronistenbericht „war die Stadt fast völlig verödet und schauriges Schweigen herrschte auf den leeren Straßen." Die Legende berichtet, Anno habe über den Türen der Häuser der Aufrührer Schandmasken, sogenannte „Grinköpfe" anbringen lassen. In Wirklichkeit sind die Grinköpfe als Häuserschmuck getarnte Flaschenaufzüge. Im Angesicht des herannahenden Todes hat Anno zu Gründonnerstag 1075 eine Begnadigung ausgesprochen. Der Aufstand von 1074 kennzeichnet jedoch das neue Selbstbewusstsein der Kölner Bürger gegenüber dem Erzbischof und dem Adel.

> DER AUFSTAND VON 1074 KENNZEICHNET JEDOCH DAS NEUE SELBSTBEWUSSTSEIN DER KÖLNER BÜRGER GEGENÜBER DEM ERZBISCHOF UND DEM ADEL.

Anno hat in seiner Zeit eine Ausweitung des Erzbistums Köln erreicht. Er gründete in Köln die Kollegiatstifte St. Maria ad gradus beim Dom, St. Georg sowie die Klöster in Siegburg, Saalfeld und Grafschaft. Seine Lieblingsgründung Siegburg, in der er auch begraben wurde, besetzte er 1070 mit zwölf Mönchen aus dem oberitalienischen Kloster Fruttuaria und begünstigte somit die Reformbewegung in den Klöstern Deutschlands. Am 4. Dezember 1075 starb Anno II. und wurde in Siegburg bestattet. Sein Grab soll schon bald Ort für Wallfahrten gewesen sein. Am 29. April 1183 erfolgte die Erhebung seiner Gebeine und die Heiligsprechung durch päpstliche Legaten.

Anno ist ein zwiespältiger Heiliger, ein frommer Machtmensch, eine manchmal skrupellose Führungsfigur. Gelobt wird seine Predigttätigkeit, seine Sorge für die Armen durch die Gründung eines Hospitals am Dom und die religiöse Unterweisung der Jugend – wobei das bischöfliche Wirken eher in einem Nebel unpräzise bleibt. Geblieben ist den Rheinländern die Erinnerung, dass es ihnen bei Anno zum ersten Mal gelungen ist, einen Erzbischof davonzujagen, so dass er wie eine Maus durchs Loch fliehen musste. Auch wenn dies danach Blut gekostet hat und es noch viele Jahrzehnte dauerte, bis die Kölner das erzbischöfliche Joch abgestreift hatten, leuchten ihnen noch heute die Augen, wenn sie von Anno und seinem A...loch erzählen.

> ANNO IST EIN ZWIESPÄLTIGER HEILIGER, EIN FROMMER MACHTMENSCH, EINE MANCHMAL SKRUPELLOSE FÜHRUNGSFIGUR.

Der heilige Nikolaus als Bischof der Westkirche, 1320,
Museum Columba

# Heiliger Nikolaus

## Pädagogischer Zeigefinger oder säkularisierter Koofmich?

*D*as hat diesem Sohn reicher Eltern keiner an der Wiege gesungen, dass sich sein Bild im Laufe der Geschichte so lange erhalten, zugleich aber auch in Gegensätzlichkeiten splitten sollte. Aber schon hier ist die Frage, an welcher Wiege das hätte geschehen sollen, denn der heilige Nikolaus unserer Legende besteht aus zwei Nikoläusen, dem von Myra, von dem wir nichts als ein paar Legenden wissen, und jenem Abt von Sion, der dann Bischof von Pinora war († 10. Dezember 564). In den Legenden, die ab dem 6. Jahrhundert das Lob des Bischofs von Myra verkünden, erinnert nichts mehr an den Abt von Sion.

Die alten griechischen Legenden des Nikolaus, in denen die Zahl Drei eine besondere Rolle spielt, beschreiben einen Christen, der als „apostelgleich", als „Überheiliger" eingestuft wurde, der nicht erst nach seinem Tod, sondern schon zeitlebens außerordentliche Wunder wirkte. Alle zwölf Legenden sind bedeutsam, berichten sie doch von Totenerweckungen, Lebensrettung bei Schiffskatastrophen, Verhinderung von Fehlurteilen, Präsenz des Nikolaus an zwei Orten gleichzeitig usw. Eine dieser Legenden wirkte sich aber ganz besonders auf den Nikolauskult aus: die Legende von der Ausstattung der drei verarmten Jungfrauen.

Ein vornehmer Mann, der völlig verarmt war, trug sich mit dem Gedanken, seine drei Töchter, die er seiner Armut wegen nicht ebenbürtig verheiraten konnte, zum Geldverdienen auf die Straße zu schicken, damit sie und er von diesen sündigen Einkünften leben könnten. Nikolaus, noch nicht Bischof oder gar Priester, dafür aber schon Vollwaise und Erbe eines großen Vermögens, erfährt davon. Er füllt drei Beutel mit Geld und wirft diese an drei Abenden hintereinander in das Haus der Verarmten. Jeder Geldbeutel bot jedem der drei Mädchen eine ausreichende Mitgift für eine gute Heirat. Beim dritten Mal entdeckt ihn der Vater und dankt ihm unter Tränen.

Diese Legende erzählt den Sinn des christlichen Schenkens. Es ist nicht die Besitzvermehrung, die Ermöglichung von Luxus und die Erhöhung des Images gegenüber irgendwelchen Mitbewerbern. Nikolaus beschenkt die Mädchen, um ihnen den Weg in den Himmel aufzuhalten. Sie sollen nicht sündigen müssen, um zu überleben, sondern so leben, dass sie vor Gott gerecht und sündenfrei bleiben. Nikolaus weiß, sein Besitz verpflichtet. Er muss über ihn einmal Rechenschaft ablegen: Wofür hat er sein Geld benutzt? Gibt es etwas Höherwertiges als mit dem eigenen Geld anderen den Weg in den Himmel offen zu halten?

Als die Nikolausverehrung im 10. bis 12. Jahrhundert auch nördlich der Alpen angekommen war, wurde das Schenken Teil des Nikolausbrauchtums. Am Vorabend, dem 5. Dezember, warf man ein paar Geschenke, Äpfel, Nüsse, Plätzchen, durch ein offenes Fenster in einen Raum, in dem sich die Kinder aufhielten. Wenigstens an einem Tag im Jahr sollten die Kinder durch diese Geschenke eine Ahnung davon erhalten, wie der Himmel „schmeckt", was es bedeutet, wenn der Himmel die Erde berührt.

> GIBT ES ETWAS HÖHERWERTIGES ALS MIT DEM EIGENEN GELD ANDEREN DEN WEG IN DEN HIMMEL OFFEN ZU HALTEN?

Nun ja, das mit dem Einwerfen der Geschenke kam nicht so gut, weil die größten Kinder am schnellsten das Meiste grapschten, während die Kleinen das Wenigste mitbekamen, dafür aber am längsten heulten. Der Brauch wurde geändert zum „Einlegebrauch", weil nun der Nikolaus, der natürlich wie in seiner Legende nicht zu sehen war, seine Geschenke in einen Schuh, einen Strumpf oder einen Teller legte, so dass klar war, was für wen abgefallen war.

Dann kam einer, mit dem keiner gerechnet hatte. Martin Luther hieß der und er brauchte nach seiner Theologie keine Heiligen mehr. Weil man aber den Nikolaus auch als Martin Luther nicht mal so eben abschaffen konnte, nahm er ihm das Schenken weg und übertrug es auf Weihnachten. Die Protestanten kamen so zu Weihnachtsgeschenken und die Katholiken? Die schenkten schon allein aus Trotz weiter auf Nikolaus. Aber damit das auch klar war, was sie damit bezweckten, änderten sie wieder einmal den Brauch. Nun kam Nikolaus höchstpersönlich und in voller Kriegsbemalung als Bischof, der die katholischen Kinder besucht und prüft, ob sie ordnungsgemäß leben. Es galt die alte Paukerregel: das Gute belohnen, das Böse schmähen, aber nicht bestrafen.

Leider haben das einige nicht verstanden. Und die haben aus dem gütigen Bischof ein zweibeiniges Tribunal gemacht, das dann noch mit einem teuflischen Gehilfen ausgestattet wurde und kettenklirrend Angst schürte. Gütig geht anders und so ging es gar nicht. Die Folge: Es entstanden Nikolauskarikaturen, Nikolausneuschöpfungen, Gestalten, die alles Christliche ablegten und nur noch einen alten Mann in einem roten Frack übrig ließen. Und seine Rolle war plötzlich eine andere: Er wurde zur Zeitanzeige, Hinweis auf die bevorstehende Weihnacht und zur Weihnacht selbst wurde er zum Geschenkelieferanten. Ansonsten ist er ein Koofmich, für jeden zu engagieren. Er steht auf den Straßen und lockt in Geschäfte, er betätigt sich on screen, um Kunden zu werben. Und es ist ihm egal, ob er von der Deutschen Bundesbahn oder einem Sexshop engagiert wird.

Mit Recht halten die anderen dagegen und bilden katholische Biotope für den echten Nikolaus. Aber gerettet ist der echte Nikolaus erst, wenn die Menschen wieder begreifen, dass Schenken einen anderen Sinn hat als der, der gegenwärtig für die meisten eine Rolle spielt: Schenken nicht als Selbstzweck oder Bestechung, nicht, um nachzuweisen, wie großzügig der Schenkende ist. Schenken als Mittel zur Selbstverwirklichung, als Hilfe zur Fortentwicklung, ja auch als ein Mittel, das über den Tag hinaus das eigene Ende mit einbezieht. Hilft das Geschenk auf meinem Weg wirklich weiter?

Nein, Nikolaus war und ist keine Freudenbremse, keiner, der anderen nichts gönnt. Aber wir können mehr von ihm lernen als das „Hohoho" eines glöckchenbimmelnden Rotgewandteten, der uns mit schlechtem Gewissen in ein Kaufhaus treibt. Dasein und helfen, wenn andere uns brauchen zum Beispiel. Statt sich loszukaufen anpacken, sich engagieren. So in etwa lässt sich die Botschaft des heiligen Bischofs heute übersetzen. Der Nikolaus ist keine rührselige Geschichte von gestern, sondern ein Programm zum Anpacken heute!

# Zeittafel
## der Feiertage

**JANUAR**
    Drei Könige, 6. Januar
    Antonius der Eremit, 17. Januar
    Thomas von Aquin, 28. Januar

**FEBRUAR**
    Valentin, 14. Februar
    Apostel Matthias, 24. Februar

**MÄRZ**
    Gertrud, 17. März
    Liudger, 26. März

**APRIL**
    Isidor, 4. April
    Georg, 23. April

**MAI**
    Florian, 4. Mai
    Hermann Josef, 21. Mai

**JUNI**
    Norbert von Xanten, 6. Juni
    Siebenschläfer, 27. Juni

**JULI**
    Kümmernis, 20. Juli
    Jakobus, 25. Juli

**AUGUST**
    Famian, 8. August
    Laurentius, 10. August

**SEPTEMBER**
    Hildegard, 17. September
    Michael, 29. September

**OKTOBER**
    Bruno, 6. Oktober
    Ursula, 21. Oktober

**NOVEMBER**
    Carl Borromäus, 4. November
    Albert, 15. November

**DEZEMBER**
    Anno, 5. Dezember
    Nikolaus, 6. Dezember

# DIE AUTOREN

**Prof. Dr. theol. Manfred Becker-Huberti**, ist katholischer Theologe, Experte für Religiöse Volkskunde, Honorarprofessor an der Philosophisch-Theologischen Hochschule Vallendar und bis 2011 zugleich Lehrbeauftragter an der Katholischen Hochschule NRW, Abt. Köln. Er war von 1991 bis 2006 Pressesprecher des Erzbistums Köln.

**Konrad Beikircher**, stammt aus Südtirol und lebt seit 1965 im Rheinland. Er studiert Musikwissenschaft, Psychologie und Philosophie in Bonn und arbeitet anschließend fünfzehn Jahre als Gefängnispsychologe. Seit 1986 ist er als freier Kabarettist, Komponist, Sprecher von Hörbüchern, Moderator von Klassikkonzerten, Musiker sowie als Fernseh- und Radiomoderator tätig. Das Thema seiner Kabarettprogramme ist die rheinische Kultur, Sprache und Mentalität.

# SAGENHAFTES KÖLN
## zum Lesen und Hören

Yvonne Plum
**Sagen und Geschichten aus Köln**
**Ein literarischer Stadtführer**
4. Auflage
288 Seiten, 3 s/w
u. 85 farb. Abb., 1 Karte
ISBN 978-3-7616-2289-6

Yvonne Plum
**Sagen und Geschichten aus Köln**
**Eine literarische Stadtrundfahrt**
Die CD zum Buch
2. Auflage
Erzähler: Konrad Beikircher
Laufzeit: 80 min
ISBN 978-3-7616-2357-2

**J.P. Bachem | Verlag**
Im Buchhandel oder unter www.bachem.de/verlag erhältlich.

# HÖREN SIE REIN!

### Die einzigartige Interpretation von Konrad Beikircher
haucht den verstaubten „Knöchelchen" neues Leben ein.

Manfred Becker-Huberti
Martin Nusch

**Heilige in Köln**
Ein bisschen schräg,
ein Stückchen anders

erzählt von
Konrad Beikircher

Laufzeit: ca. 70 Min.
ISBN 978-3-7616-2551-4

J.P. Bachem | Verlag

Im Buchhandel oder unter www.bachem.de/verlag erhältlich.